Zauber der Mythen

Herausgegeben von Theodor Seifert

Die Buchreihe „Zauber der Mythen" will mit der Darstellung einzelner Mythen durch verschiedene Autoren den Zugang zu einem in jedem Menschen vorhandenen Fundament von Lebenskraft und Lebensmöglichkeit vermitteln, ein Wiedererinnern ermöglichen.

Die einzelnen Bände zeigen, wie genau die alten Geschichten mit ihren Göttinnen und Göttern, Helden, Schicksalsverläufen und ewigen Gesetzen Lebensfragen darstellen und menschliche Probleme abbilden, die uns noch genauso vertraut sind wie unseren Vorfahren.

Die Geschichten sind faszinierend und ergreifend. Wir begegnen uns selbst in ihnen, schauen und erleben die Kraft und Weite unserer Seele, ihrer bislang nicht ausgeloteten Möglichkeiten. Wir spüren, was wir uns vorenthalten haben, wenn wir diese ewigen Themen unserer Existenz vernachlässigen. Ihnen zu begegnen ist dem Erleben vergleichbar, in dem sich die Bedeutung eines großen Traumes zum ersten Mal erschließt. Die Mythen spiegeln unser Leben und vermitteln die Gewißheit, daß es sinnvoll gelebt werden kann.

Tonius Timmermann

Die Musen der Musik

Stimmig werden mit sich selbst

Kreuz Verlag

CIP-Titelaufnahme der Deutschen Bibliothek

Timmermann, Tonius:
Die Musen der Musik: stimmig werden mit sich selbst /
Tonius Timmermann. – 1. Aufl. – Zürich: Kreuz-Verl., 1989
(Zauber der Mythen)
ISBN 3-268-00078-9

1. Auflage
© Kreuz Verlag AG Zürich 1989
Umschlagfoto: Manfred P. Kage
ISBN 3 268 00078 9

Inhalt

Die Musen küssen

Dich von allen Menschen, Demodokos,
preis ich am meisten.
Lehrten Dich doch Zeus' Töchter,
die Musen, oder Apollon.

Aus der „Odyssee" des Homer

Musik ist Gebrauchsgegenstand des Menschen seit Urzeiten – jenseits aller Diskussionen, was „Musik" oder „Kunst" sei. Es gibt kein Volk auf der Erde, das nicht in irgendeiner Form Musik entwickelt hat, als gäbe es im Menschen eine biologisch-psychologische Disposition zum Musizieren. Musik hat wichtige Aufgaben in allen möglichen Lebensbereichen: Arbeit und Politik, Spaß und Spiel, Religion und Heilung – wobei die Grenzen fließend sind.

Ist die Sprache der Worte wichtiges Verständigungsmittel im zwischenmenschlichen Bereich, so dient die Sprache der Töne darüber hinaus dem Kontakt zum Jenseitigen, ist Brücke zur unsichtbaren Welt der Geister und Götter, zum Unbewußten bis hinein in tiefste Schichten.

Damit ist auch die Verbindung zum Mythos deutlich, der in lebendigen, den Sinnen faßbaren Erzählungen, Bildern, Riten und Symbolen vom unbewußten tieferen Sinn des Lebens kündet, die schöpferische und heilende Arbeit des Unbewußten darstellend.

Unser Wort „Musik" stammt ab vom griechischen „musike", welches in allen europäischen Sprachen an die antiken Gottheiten, die Musen, erinnert, mithin an ihren göttlichen Ursprung. Die Musen, im Matriarchat als Triade die dreifaltige Göttin des Geheimkultes, galten später als die neun Töchter des höchsten Gottes, Zeus, und der Mutter Mnemosyne. Bei den ansonsten recht komplizierten Familien- und Verwandtschaftsverhältnissen der griechischen Gottheiten untereinander zeugt die Tatsache, daß alle neun denselben Vater und dieselbe Mutter haben, von einer Geschlossenheit, die sie als etwas Einheitliches, Ganzheitliches charakterisiert – die neun Musen gehören untrennbar zusammen. Zum Teil ist in den alten griechischen Texten auch nur von einer Muse die Rede. Gelegentlich wird Athene mit ihr identifiziert. Jedenfalls haben Einzahl und Mehrzahl widerspruchslos nebeneinander Platz. Im Götterreich haben sie einen hohen Rang. Sie sind beteiligt am Schöpfungswerk des Zeus. Die Musik, überhaupt alle Gaben der Musen gehören zur ewigen Ordnung des Seins, der Welt, die sich im musisch gestaltenden Menschen ausdrückt. Ob Muse oder Musen, in jedem Falle ist der Ursprung von Musik, Kunst, Kultur nach matriarchaler Überlieferung im Weiblichen zu suchen. Homer ist sich dessen schon nicht mehr sicher (vgl. S. 7). Mit der patriarchalen Wende wurde den Musen ein männlicher Führer vorangestellt, Apollon, mit der Leier dargestellt als Gott der musischen Künste, der Weissagung und Heilkunde, alles ursprünglich weibliche Qualitäten, die den Musen zugeordnet waren. Die Verkehrung ging so weit, daß sich „Muse" als Bezeichnung für die den männlichen Künstler inspirierende Geliebte einbürgerte, während die schöpferischen Kräfte der Frau in einer männlichen Welt unterdrückt wurden. Wenn man nur die Stellung der musischen Fächer in den Schulen gegenüber den ratio- und intellektfördernden betrachtet, wundert man sich nicht, wie wenig durchdrungen unsere Welt heute von den weiblichen Kräften ist, deren schöpferisch-gestaltender Aspekt sich in den Musen verkörpert.

Musisch Tätige brauchen den Beistand der Musen: Inspiration, Intuition, Einfälle, Eingebungen, schöpferische Kräfte... Sie rufen die Musen an, und wenn diese sie erhören, werden sie von ihnen ergriffen, verzückt, begeistert, ihr Geist wird erhoben und erleuchtet.

Das hat zunächst nichts zu tun mit virtuosem Handwerk. Hier sind die Menschen jenseits von begabt und geübt im Kontakt mit ihrem schöpferischen Urgrund, stammelnd von den Wundern des Lebens, bis sie eins werden mit ihrem schöpferischen Selbst, bis durch sie die Töne fließen ohne Anspruch auf Leistung und Produkt, absichtslos, wie von selbst, kündend vom Tanz der Atomteilchen, vom Strömen und Fließen der Lebensenergien und von der Stille, die das Tönen begrenzt. Wer sich von der Muse ergreifen läßt, transzendiert sein Ich, das Wesen der Welt, sein eigentliches Wesen tönt durch.

Im zivilisierten Abendland verhindert leider die unselige Einteilung der Bevölkerung in „Begabte" und „Unbegabte", in „Musikalische" und „Unmusikalische" bei den meisten Menschen den Kontakt zur inneren Muse, zum inneren Musiker. Und selbst der „Begabte" wird meist, dem Leistungsbewußtsein entsprechend, auf Perfektion und künstlerischen Erfolg gedrillt. Hier steht der Ehrgeiz des Ich oft dem Ergriffenwerden durch die Muse entgegen. In diesem Punkt ist der Laie dem Profi sogar häufig überlegen – durch seinen Mangel an Erwartungen, Ansprüchen, Gefallen-Wollen, Gesetze-Befolgen und Richtig-falsch-Systemen. Die Fähigkeit zu Offenheit, Freiheit, Unvoreingenommenheit ist näher am Ergriffen- und Verzücktwerden durch die Musen. Ein mit Hingabe getrommelter einfacher Rhythmus lädt dazu genauso ein wie meisterliches Orgelspiel.

Wir wollen nun die neun Musen (oder die neun Aspekte der einen Muse) etwas genauer betrachten.

Urania heißt die Muse der Astronomie, die früher identisch war mit der Astrologie. Dieser Aspekt meint die Qualität der rechten Zeit und des rechten Ortes und bezieht sich damit im weiteren Sinne auf den Rhythmus, auf kosmische Rhythmen wie beispielsweise Mondphasen, Sonnenwenden und andere durch Planetenkonstellationen bedingte Ereignisse, in die eingebettet die rituellen Anlässe für Gesänge und Tänze waren. Dabei geht es einerseits um die tiefe Bedeutung der Wirkungen bestimmter Zeitzyklen, um die der kosmos- und naturverbundene Mensch weiß. Zum anderen regt die neue Astrologie, die jenseits von abergläubischer Schicksalsbestimmung in den letzten Jahren zunehmend Interesse findet, über das Wissen und Berechnen hinaus auch zum Spüren an: Welcher Aspekt des Lebens ist bei mir gerade im Vordergrund? Ist es zum Beispiel für mich zur Zeit stimmig, mich zurückzuziehen und mich mit mir selbst zu beschäftigen, oder stimmt es mehr, hinauszugehen, mich zu öffnen für vielfältige Begegnungen und Anregungen?

Hier klingt das Thema „stimmig sein mit sich" an als stimmig sein mit den rhythmischen Prozessen: in die wir eingefügt sind wie ein Ton in eine Fuge; durch die Konflikte und Freuden des Menschseins auf individuelle Weise in uns zum Schwingen gebracht werden.

Ist Uranias tieferer Sinn also die Wirkung der kreisenden, rhythmisch pulsierenden, umeinanderschwingenden Teilchen, so ist *Terpsichore* die Muse des Tanzes selbst. Die Anschauung eines kosmischen Tanzes wurde in den letzten Jahren durch die Bücher des Physikers Fritjof Capra wieder aktualisiert. Die moderne Physik zeigt, daß Bewegung und Rhythmus wesentliche Eigenschaften der Materie sind, daß jedes subatomare Teilchen einen Energietanz aufführt. Im Mythos wird dieser geahnte oder visionär erfahrene Tanz der Teilchen durch die tanzende Göttin oder den tanzenden Gott symbolisiert. In einem ursprünglichen, noch matriarchalen griechischen Schöpfungsmythos heißt es:

Am Anfang war Eurynome, die Göttin aller Dinge. Nackt erhob sie sich aus dem Chaos. Aber sie fand nichts Festes, darauf sie ihre Füße setzen konnte. Sie trennte daher das Meer vom Himmel und tanzte einsam auf seinen Wellen. Sie tanzte gen Süden; und der Wind, der sich hinter ihr erhob, schien etwas Neues und Eigenes zu sein, mit dem das Werk der Schöpfung beginnen konnte.[1]

Diesen Mythos könnte man auch deuten als eine Beschreibung der Illusion scheinbar fester Materie.

Nichts ist fest, alles fließt, tanzt, ist in Bewegung. „Festen Boden unter die Füße kriegen" heißt daher letztlich: sich einschwingen, ins Fließen kommen, nicht fest und hart, sondern weich, nachgiebig, flüssig, fließend werden und den Tanz mittanzen.

Es gibt eine bekannte Darstellung des tanzenden indischen Gottes Shiva, der Verkörperung der ewigen Bewegung der Energie. Er tanzt den kosmischen Prozeß immerzu, nie abgeschlossen, evolutionär, gleichzeitig Schöpfung, Erhaltung und Zerstörung: das heißt ewige Wandlung durch ewige Handlung. In der griechischen Antike war der Sinn des kultischen Tanzes nicht die Darstellung des Mythos, sondern der Mythos selbst in Gestalt des Tanzes. Es geht also darum, es zu tun, nur dann verstehe ich wirklich.

Intensiver Tanz ist eine gute Möglichkeit, mit seinem tiefsten Inneren in Kontakt zu kommen. Er fördert die gute, heilsame Trance, das Sich-Einschwingen, das Bewußtsein der Teilhabe, des Einsseins und Stimmig-Seins mit sich und der Welt, die Transzendierung des Ich zum größeren Ganzen. Deshalb ist er in den religiösen und heilenden Ritualen der Völker so beliebt.

Auch die ursprünglichen Chorgesänge, deren Verkörperung die Muse *Polyhymnia* ist, sollten wir uns weniger so vorstellen, wie sie würdevoll und gezähmt in den heutigen Aufführungen antiken griechischen Theaters dargestellt sind, sondern eher als ein durch gemeinsamen Rhythmus zusammengehaltenes ekstatisches Anrufen, Preisen, Beschwören.

Singend dürfen wir uns auch die Muse *Erato* vorstellen, die mit einer Leier dargestellt wird und vor allem für die Liebeslyrik zuständig ist, während *Kal-*

liope, die Schönstimmige, die epische Dichtung und Poesie ertönen läßt.

Für die „Tonkunst", die dem Namen der Muse in unseren Ohren am nächsten kommt, steht *Euterpe,* mit einer Flöte dargestellt, vielleicht mehr das instrumentale Musizieren verkörpernd.

Thalia ist die Muse der Komödie, was ursprünglich soviel wie „ausgelassener Gesang" bedeutet. Ihr ist im rituellen Jahreslauf die Zeit zwischen Frühling und Sommersonnwende zugeordnet, eine Zeit von Fruchtbarkeit, Heiterkeit und Freude, die mit frohen bis ausschweifenden Festen gefeiert wird.

Dagegen beginnt mit der schwächer werdenden Sonne die Zeit der Dunkelheit, des Sterbens, der Ernte, des Opfers. Die Pflanzen opfern sich für den Menschen. Die Sonne opfert sich, um mit der Wintersonnenwende wiedergeboren zu werden, wie der Held im Mythos sich opfert oder geopfert wird, um (als göttliches Kind) wiedergeboren zu werden. Diese Thematik verkörpert *Melpomene,* die Muse der Tragödie, des tragischen Aspektes des Lebens, des Klagegesangs, aber auch des feierlichen Ernstes und des Mysteriums.

Die neunte der Musen ist *Klio.* Ihr Bereich ist Mythologie und Geschichte (ursprünglich nicht getrennt), die früher gesungen, rezitiert, musiziert, getanzt und mimisch dargestellt wurde.

Die Muse hat also neun Aspekte oder tritt in der Neunzahl unter verschiedenen Namen auf, welche die neun Aspekte des Musischen bezeichnen: Sternenkunde oder kosmischer Rhythmus, Tanz, gemeinsames Singen, Liebeslyrik, epische Dichtung und Poesie, das Spiel auf Instrumenten, der ausgelassene Gesang, in dem das Leben fröhlich gefeiert wird, der Klagegesang und die ernste Feier, die das Mysterium von Tod und Wiedergeburt gestaltet, und die Darstellung des Mythos.[2]

Das Ergriffensein von einer der Musen oder von einem speziellen Aspekt des Musischen führt zu einer entsprechenden musischen Gestaltung. Dies ist stimmigerweise der momentanen Lebenssituation adäquat: Verliebtsein inspiriert zur Liebeslyrik, der Tod eines nahestehenden Menschen zu Klagegesang oder ernstem, feierlichem Ausdruck. Wenn innere Stimmung und äußerer Ausdruck übereinstimmen, ist die Stimmigkeit des Geschehens gewährleistet. Auch das Sich-Einstimmen auf einen Aspekt des Lebens kann zur Stimmigkeit der Situation führen. Krank macht den Menschen auf die Dauer, wenn er sich laufend verstellt, seine wahren Gefühle hinter maskierter Gesichts- und Körperhaltung zu verbergen sucht, wenn er keinen stimmigen Aus-druck für sein inneres Erleben mehr findet. Vor allem in einem Menschenbild, in dem Gesundheit mehr bedeutet, als nicht krank zu sein, gehört ein stimmiger Ausdruck als Verarbeitung der vielfältigen Eindrücke der Seins-Erfahrung zum Menschsein dazu. Im gesellschaftlichen Alltag sind wir aber oft in der Zwickmühle: Das, was wir in uns spüren, steht im Widerspruch zu den scheinbaren oder realen Erwartungen der Umwelt, unser Verhalten wird gemessen an den konventionellen, ritualisierten Schemata, die für bestimmte Situationen als „stimmig" gelten. Nun gibt es keine menschliche Gesellschaft, die ohne ein gewisses Maß an Regeln und Routine auskommt. Die Gefahr bei der Routine aber ist ein Erstarren in Formen ohne oder mit unzureichendem Inhalt. Diese Gefahr bezieht sich – außer im Hinblick auf gesellschaftliche Formen – sowohl auf den religiösen Bereich als auch auf den davon in den zivilisierten Ländern meist getrennten Bereich der Kultur, dann nämlich, wenn „Kunst" nur mehr ein stilisiertes „als ob", nicht gelebte Wirklichkeit ist.

Das „l'art pour l'art", Kunst um ihrer selbst willen, ist den Naturvölkerkulturen unbekannt. Singen, Tanzen, Musizieren sind selbstverständliche Möglichkeiten für alle Menschen. Es hilft bei der Arbeit, beim Einschlafen der Kinder, bei der Bewältigung von Trauer und Schmerz, aber auch Freude und alle anderen menschlichen Gefühle können damit ausgedrückt und gestaltet werden, es ist Brücke zum Unbewußten, Jenseitigen, Transzendenten, über welches nicht spekuliert, sondern dessen lebendige Erfahrung gesucht wird.

Würden wir „Kultur" wieder wörtlich nehmen – das Wort kommt von lateinisch „cultura" und bedeutet unter anderem Pflege von Körper und Geist –, kämen auch bei uns ihre körper- und seelsorgerischen, ihre therapeutischen Qualitäten wieder mehr zum Tragen. Wichtig für das Überleben einer realen, humanen, menschennahen Kultur inmitten des betäubenden, fiktionsorientierten Konsum- und Medienspektakels ist es allemal, daß der innere Musiker im „Alltagsmenschen" wach wird, daß Musik (und andere Ausdrucks- und Erlebensmöglichkeiten) wieder zum Menschen selbst gehören, ohne Anspruch auf Leistung.

In meiner praktischen musiktherapeutischen Arbeit mache ich immer wieder die Erfahrung, daß es gerade die einfachen, sich zyklisch wiederholenden musikalischen Muster sind, die tiefes Erleben, Ergriffensein ermöglichen. Die vorgegebene komplizierte Form zieht, wenn sie nicht ganz verinnerlicht ist, so viel Energie auf sich, daß für den Inhalt, das Erlebnis, die Erfahrung des Wesentlichen keine oder zu wenig Kraft übrigbleibt. Der äußere Rahmen (Zeit und Ort, ritueller Ablauf und Ähnliches) ist als strukturelle Hilfe zur Orientierung und Konzentrierung sinnvoll, innerhalb dessen die Freiheit der Improvisation, der Eigengestaltung die Möglichkeit des Ergriffenwerdens eröffnet. Und dies ist die große Chance der Musik, des Musischen, der Kunst: Seinserfüllung, Teilhabe, Transzendenz.

Auch das Sprechen lernen wir nicht gleich in ganzen Sätzen mit Grammatik und Interpunktion, sondern wir entdecken die Möglichkeiten des verbalen Ausdrucks nach und nach, beginnend mit einfachen Lauten, Brabbeln, Plappern, spielerischer stimmlicher Improvisation und Imitation. Leider wird in der traditionellen Musikpädagogik genau anders verfahren, was viele Menschen für den Rest ihres Lebens hinsichtlich eines eigenen musikalischen Ausdrucks entmutigt. Eine neue Musikpädagogik gibt dem Menschen Chancen, *seinen* Weg zur Sprache der Töne zu finden. Sie setzt ihm keine Zieltöne, die er treffen oder verfehlen kann, sondern geht von den Tönen aus, die er in sich findet, die für ihn gerade stimmig sind. Dann kann er nach und nach Stimmigkeiten in den musikalischen Formen, im Zusammenklingen und so weiter entdecken und, von dieser Erfahrung ausgehend, die Musik anderer, die Sprache der Komponisten verstehen und, wenn er will, interpretieren. So erlebt, ist Musik ein Weg, Kontakt mit dem eigenen Inneren aufzunehmen und es mit dem Außen zu verbinden.

In meinen Musiktherapie- und Selbsterfahrungsgruppen versuche ich, die Menschen zu diesem Nach-innen-Spüren und improvisierten Sich-Ausdrücken anzuregen. Dies gelingt selten auf Anhieb, Ängste, Blockierungen stehen im Weg. Das ungeplante, unberechenbare Klanggestalten (improvisus heißt lateinisch das Unerwartete) beunruhigt Laien wie Musiker gleichermaßen.

Eine Klinikpatientin hatte noch nie ein Instrument in der Hand gehabt und lehnte es anfangs ab, an den Gruppenimprovisationen teilzunehmen, mit dem Argument, sie „beherrsche" keines. Meine vorsichtigen Anregungen, einfach mal auszuprobieren, zu experimentieren, spielerisch am musikalischen Gruppenprozeß teilzuhaben, wurden zunächst von ihrem Kontroll- und Leistungszwang nicht zugelassen. Nach und nach aber versuchte sie, auf diesem oder jenem Instrument mitzuspielen, zu Beginn kaum wahrnehmbar, „hinter" dem Gruppenklang versteckt, dann mehr und mehr Hervortreten riskierend. Ermutigt durch den Zuspruch und das positive Erleben dieser Veränderungen seitens der Gruppenteilnehmer und mir, ereignete sich in einer Sitzung so etwas wie ein Durchbruch. Für alle spürbar, bildete sich ein bislang niedergekämpftes tiefes Schmerzgefühl auf den Metallklangstäben ab. Sie spielte weiter und weiter, unter Tränen, wir anderen lauschten tief ergriffen, begleiteten sie musikalisch in ihrem Schmerz, bis die Töne zunehmend heiterer wurden, von Licht und Freude sangen. Mit einem Strahlen auf ihrem Gesicht klang die Improvisation aus. Sie hatte den tiefen Schmerz über ihr Grundgefühl des Verlassenseins in dieser Welt zulassen und ausdrücken können. Ihre Musik wurde stimmiger Ausdruck dieses Gefühls, welches darin lebendig werden durfte. Und da waren plötzlich die anderen Menschen, da war Beziehung, Begleitetwerden, Getragenwerden, Angenommensein in ihrer Musik. Nun, da der Schmerz zugelassen werden konnte, war Raum da für das Glücksgefühl, nicht allein zu sein in der Welt. In dem Moment, wo die Kontrolle weniger wurde, konnte das Ergriffensein durch die Muse stattfinden und diese ihre heilsamen Kräfte wirken lassen.

In einem anderen Beispiel geht es um einen Musiker, einen Profi, einen Klarinettisten, der zu mir kam, weil er nicht mehr üben konnte. Er stand kurz vor Beendigung seiner Ausbildung und brachte es auf keine zehn Minuten konzentrierter Arbeit am Instrument. Er war mit fünf Jahren in eine Orff-Kindergruppe gesteckt worden, die leider – wie so viele – nicht im Sinne des Erfinders geführt wurde. Es wurde sofort nach dem Falsch-richtig-System vorgegangen, welches keinen Platz für momentane Stimmigkeiten freihält, sondern wo Noten stimmen oder nicht. So ging es weiter mit Blockflöte, Klavier, schließlich Klarinette. Kurz und gut, ich riet ihm, die Klarinette erst einmal beiseite zu legen, und spielte mit ihm – ich „übte" mit ihm Spielen auf Blockflöten-Mundstück, Klanghölzern, Gong... Wir machten Krach, summten leise jeder einen Ton. Wir tanzten um eine große Trommel zu unserer eigenen Musik. Wir lachten, hatten Spaß – und trauerten um versäumtes Kindsein. Erst nach vielen Wochen schlug ich ihm vor, doch mal die Klarinette mitzubringen, nur einen Ton zu spielen, aber den mit Inbrunst, ihm nachzulauschen, in seine Klangfarbe einzutauchen, ihn an- und abschwellen zu lassen, mit ihm zu spielen. Dann regte ich ihn an, zu spüren, welcher Ton dem ersten folgen solle, und so allmählich aus sich Melodien zu entwickeln. Er entdeckte das Instrument ganz neu – es wurde *sein* Instrument. Nach und nach lernte er auch die Musik anderer wieder lieben, die für die Klarinette komponiert hatten. Die vergällte innere Muse wurde ihm wieder freundlich gesinnt.

Die Musen küssen – und sie sind nicht so wählerisch, wie gemeinhin geglaubt wird. Sie sind keine Schicksalsgöttinnen, die den einen küssen und den anderen nicht, je nach ihren Launen. Es ist nicht nur zufällig, ob man geküßt wird oder nicht. Wenn man geküßt werden will, muß man Kontakt aufnehmen, seine Offenheit und Bereitschaft, seinen Wunsch nach einem Kuß signalisieren – man muß also in irgendeiner Form aktiv werden, mindestens gute Bedingungen schaffen.

Und das ist etwas, was jeder von uns tun kann, seine Vorurteile „Ich bin unmusikalisch, in mir wohnen die Musen nicht, ich bin nicht von der Muse geküßt..." einmal beiseite zu lassen, probehandelnd Kontakt zu den inneren Musen aufzunehmen und den inneren Musiker zu entdecken.

Der klingende Ursprung

Im Anfang war das Wort, und das Wort war bei Gott, und Gott war das Wort. Dasselbe war im Anfang bei Gott. Alle Dinge sind durch dasselbe gemacht, und ohne dasselbe ist nichts gemacht, was gemacht ist.

Johannes 1,1

Der Schöpfer hält das erste Stück Erde, das er einzig mit seinen Gedanken geschaffen, in seiner Hand, läßt es dort wachsen durch sein Singen und schleudert es in den leeren Raum hinein.

Schöpfungsmythos der kalifornischen Urvölker Achomai und Atsugewi[3]

Der Große Geist war die Quelle ohne Ende. Die Ahnen befahlen den Töchter-Winden, den Makrokosmos ins Dasein zu wehen. Der Große Geist verbarg sich und teilte sich in Nichte und Neffe. Die beiden sangen den Gesang der Schöpfung. Alles hallt von dieser Stimme wider – das Universum, die Galaxien, die Sonne und die Erde. Licht und Dunkel und alle Dinge sind nur ein Gesang des Großen Geistes.

Indianischer Mythos[4]

Dieses Absolute, dem die Hindu den Namen „Das" oder „Brahma" geben, ist aufgrund seiner Natur nicht darstellbar. Doch man glaubt, daß das, was ihm am nächsten kommt, das „pranava" ist, die unter allem heilige Silbe, „Om".

Indischer Mythos[5]

Also Musik ist die Welt – Singen ist sie – langi – Singen, Schöpfung, Kosmos. Da hat er (der Tangata-Eingeborene) das Wort. Das All, der Himmel ist langi, und die Erde ist lalolangi, das untere Singen. Im Wort langi hat er wieder nur uns verschiedene Dinge zusammengefaßt, ihm selbst sind alle unsere verschiedenen hier stehenden Begriffe das gleiche.

Aber singt denn die ganze Welt, singen denn alle Dinge? Die Welt schweigt doch auch? Ist denn in Meeresstille und Waldesschweigen noch ein Lied zu hören? „Ja", sagt der Tangata, „auch jedes Schweigen hat seine Welt der Töne – nur darfst du nicht leichthin hinhören, du mußt scharf hinhören mit deinem innersten Ohr."

Südsee-Mythos[6]

Nur einem verstockten Rationalisten könnte es in den Sinn kommen, am Anfang der Schöpfung das „Wort" als Begriff, als Ergebnis eines Denkprozesses zu vermuten. Wie die Mythen vieler Völker bezeugen, ist der Glaube beim Menschen weit verbreitet, daß es so etwas wie einen „Ur-Klang" gibt (selbst die moderne Naturwissenschaft stellte die Hypothese eines „Urknalls" auf); das „Wort" gilt als etwas Primäres, Überbegriffliches, letztlich Undefinierbares und Unbegreifliches. Der Schöpfergott singt, schreit, trommelt, tanzt die Genesis, ein Fest, ein ekstatisches Vergnügen, ein sinnlicher Akt, Freude, Kraft, Lust am Schaffensprozeß – so kann man sich den mythischen Schöpfungsakt vorstellen und ausmalen. Wer hätte da nicht Lust, mitzumachen? Und welche Chance für eine neue Religiosität!

Die Zitate am Anfang lassen auch ahnen, welche Enstase, welchen Zugang zu unserer inneren Tiefe wir mittels des Klanges finden können. Und wieder ist es nicht unbedingt die kompliziert gestaltete musikalische Form, die uns diesen Weg öffnet. Es geht vielmehr darum, das Wesentliche zu spüren und im Ton zu verwirklichen – also wieder um Stimmigkeit. Auf höchster Ebene bedeutet dies die Einheit von Klang und Wesen, so, wenn die Inder sagen: „Gott und sein Name sind eins."

Diese Einheit kann jeder in seinem Alltag spüren. Wer aufmerksam und wach ist, wird oft am Tonfall eines Menschen hören können, ob dieser authentisch ist, die Wahrheit sagt, überzeugt ist von dem, was er sagt, oder ob er bestimmte Vorteile davon erhofft, mich von etwas zu überzeugen, woran er selbst nicht glaubt. Leider werden wir nicht immer zur Authentizität erzogen, und so bildet sich, psychologisch ausgedrückt, ein „falsches Selbst" – unsere tieferen, wahren Gefühle und Absichten werden überlagert von dem Wunsch, es recht machen zu wollen, um akzeptiert und geliebt zu werden. Somit stimmt das, was wir von uns ausdrücken, oft nicht mit dem „wahren Selbst" überein. Das „Wort" wird aufgespalten in einen Klang- oder Wesensaspekt und einen Begriffsaspekt.

Mit Worten als Begriffen zu jonglieren wird dann

gefährlich, wenn sie in keiner Beziehung mehr zur wirklichen Erfahrung in der Welt stehen. Dies kann man bei einigen Wissenschaftlern beobachten, die aus dem Elfenbeinturm reinen Bücherwissens heraus tönen, und auch bei Politikern, wenn sie vor der Kamera auf eine Frage mit vielen Worten nicht antworten. Aber wir brauchen es nicht nur auf andere zu projizieren, sondern können es täglich bei uns selbst beobachten: Wie begrüßen wir uns, wünschen wir dem anderen wirklich einen „guten Tag", wollen wir ihn „wiedersehen", wissen, wie es ihm geht? Wer fühlt sich durch diese Beispiele nicht an seinen Mangel an Authentizität erinnert? Oder geht es da gar nicht um den Wortsinn, den Wortinhalt? Geht es vielleicht nur um den Klang, der sagt: Ich bin da, ich möchte Kontakt zu dir (gleichgültig, ob die Worte vom Wetter oder anderen „Small talks" handeln)? Muß diese Art der Kommunikation überhaupt über Worte laufen?

Solche Zusammenhänge wurden in den letzten Jahren in starkem Maße durch Psychotherapie-Verfahren wieder entdeckt, die methodisch überwiegend auf der nicht-sprachlichen Ebene arbeiten. Körperhaltung („Ich gehe, wie es mir geht") und Bilder („Wie male ich in meiner aktuellen Situation einen Baum?") sagen oft mehr über einen Menschen als verbale Beschreibungen. In der Musiktherapie erlebe ich immer wieder tiefe Begegnungen zwischen Menschen über improvisiertes Musizieren, über das Spielen mit Klängen und Rhythmen, mit der Stimme, die einfach tönt, was einfällt, ungefiltert, unzensiert durch den Verbalisierungsprozeß, der das Erlebte nachträglich bewußt und für den Alltag zugänglich macht. Aber die Gesichter, die

Mienen und Gesten im Erleben des Sich-Verstehens jenseits von Worten sprechen eine eigene Sprache.

Wenn in den Mythen der Völker alles Sein als „Gesang des Großen Geistes", eine Manifestation von Gottes „Wort", die allumfassende Schwingung des „heiligen Urlautes OM" beschrieben wird, so verwundert es nicht, wenn Musik und Gesang interkulturell als gutes Medium der „religio", als Fahrzeug zur Quelle, zum „klingenden Ursprung" aufgefaßt und praktiziert werden. Die rituellen Gesänge und Tänze der Naturvölker, die rhythmische Rezitation von buddhistischen Texten, Mönchsgesang und Kirchenmusik geben davon Zeugnis. Dabei geht es nicht um den „klingenden Ursprung" als einmaliges Ereignis in der Vergangenheit, sondern um seine Gegenwärtigkeit, in der er die Welt zusammenhält, Klang als Urschwingung, als schwingende, allgegenwärtige Ursubstanz des Seins, mit der wir über den Klang jederzeit in Verbindung treten können. Alles, was existiert, schwingt – und damit tönt es, wenn auch nicht immer im Hörbereich des Menschen. Vielleicht ist dies das tiefste Geheimnis der Musik, der Grund, warum alle Völker musizieren, warum Musik auf den Menschen (und nicht nur auf ihn) eine so tiefe Wirkung hat.

Auch für die Entwicklungsgeschichte des einzelnen Menschen hat Klang eine besondere Bedeutung. Für uns sinnlich faßbar wird dies im „Urzustand" des Individuums, im Mutterleib, im Uterus, dem geschützten Raum, in dem wir alle zur menschlichen Form reifen, bis „Urania uns hinausruft" in die äußere Welt. Diese intrauterine Phase unseres Wachstums interessiert Wissenschaftler, Ärzte und Psychologen in den letzten Jahren mehr und mehr. Sie scheint doch sehr prägend für die weitere Entwicklung zu sein. Der Klang ist die Hauptorientierung im dunklen Inneren der Mutter, allerdings noch nicht getrennt vom Tastsinn: Die Schwingungen des Klanges werden körperlich gespürt, so wie auch Gehörlose Klänge aufgrund ihrer Vibrationen spüren. Da der Mensch im Embryonalzustand nicht sieht, ist dieses körperbezogene Hören die erste Verbindung mit der Welt – innerhalb und außerhalb der Mutter.

Die primäre verläßliche Ordnung im Sinne von Wiederholung ist der Herzschlag der Mutter. Diese Pulsation muß enorm beeindruckend für den zarten Fötus sein. Er schwingt sozusagen in diesem Rhythmus die ganzen neun Monate bis zur Geburt. In einer wissenschaftlichen Untersuchung in den USA stellte man fest, daß Neugeborene sich beruhigten, wenn man ihnen per Tonband mütterlichen Herzschlag vorspielte. Auch nehmen fast alle Mütter instinktiv ihr Baby an die linke Seite, wo es ihren Herzschlag hören kann; hier beruhigt es sich, fühlt Leben, Sicherheit, Geordnetheit.

In einem indianischen Ritual wird diese Erfahrung aufgegriffen: Im Zentrum steht eine große Trommel, auf der mehrere Spieler mit Schlegeln den Schlag des mütterlichen, des menschlichen Herzens dumpf und laut nachahmen. Dazu rufen sie Mutter Erde an, deren Herzschlag die Verbindung mit allen Lebewesen, Zeichen ihrer Lebendigkeit ist. Die Trommel spielt daher bei den Indianern eine besondere Rolle.

Weil die Trommel oft das einzige in unseren Riten gebrauchte Gerät ist, sollte ich euch hier vielleicht sagen, warum sie uns so besonders verehrenswür-

dig und wichtig ist: es ist darum, weil die runde
Form der Trommel das ganze Weltall darstellt; und
ihr beharrlicher Schlag ist der Puls, das Herz, das
in der Mitte des Weltalls pocht. Es ist die Stimme
des Großen Geistes, und der Ton erregt uns, er hilft
uns, das Geheimnis und die Macht aller Dinge zu
verstehen.[7]

Der Grundrhythmus des Herzschlags wird ergänzt
durch eine Fülle anderer Vibrationen und Geräu-
sche, die der heranreifende Mensch auf seine Weise
wahrnimmt, erlebt und speichert. Wenn uns die
Mythen von einem klingenden Ursprung des Lebens
künden, dann läßt sich dies ebenso auf die Entwicklungsgeschichte des einzelnen Menschen anwen-
den. Auch hierin könnte man einen Grund vermuten, warum der Mensch Musik entwickelte und sie
so stark auf ihn wirkt, schließlich verbringt er lange
neun Monate im Einheitsgefühl mit der Mutter,
im klingenden, schwingenden, rhythmischen Pulsieren.

Die Sehnsucht, einen solchen paradiesischen
Seinszustand wiederzuerlangen, ist tief im Menschen verwurzelt. Sie ist Triebfeder vieler, letztlich
transzendenter Bestrebungen. Nun können wir
nicht zurück in den Mutterleib, aber wir können uns
wieder einschwingen und unsere Teilhabe am Ganzen fühlen. Diese transzendente Sehnsucht sucht
sich zu erfüllen im Trance induzierenden Musizieren und Tanzen vieler Kulturen. In der abendländischen Zivilisation ahnt man es noch, zum Beispiel
im Wiener Walzer oder in der Disco (wobei ich mich
allerdings frage, ob die mit Digital- und anderen
neuesten Techniken zusammengeschnittenen und

mit maschinellem Beat unterlegten aktuellen Musik-Synthetika noch als Analogiezauber für das lebendige, organische Pulsieren der Mutterschwingung wirksam sein können).

In den letzten Jahren dringt „ethnische Perkussion", die rhythmische Musik außereuropäischer Kulturen, zunehmend in musikalische, musikpädagogische und musiktherapeutische Bereiche ein. Ich selber hatte mehrmals Gelegenheit, ethnische Perkussion am eigenen Leibe und der eigenen Seele zu erfahren. Es gibt inzwischen auch in Deutschland Rhythmuslehrer, die den rituellen und spirituellen Gebrauch von Rhythmen vor Ort studiert und praktiziert haben. Besonders reizvoll ist das Sich-Einschwingen in polyrhythmische Strukturen. Hierbei fügen sich oftmals für das abendländische Ohr zunächst nicht zusammenpassende Rhythmen in eine Gesamtstruktur ein. Die Gruppe teilt sich dabei in verschiedene Untergruppen ein, wobei jede dieser Untergruppen einen dieser Teilrhythmen spielt. Die Rhythmen fügen sich nach und nach zusammen, wobei der Gruppenleiter jeweils den Untergruppen behilflich ist. Dies fällt bezeichnenderweise sogar Europäern schwer, die in unserem Sinne musikalisch gut gebildet oder ausgebildet sind. Solange man versucht, über Denken und Ratio (teilen!) diese rhythmischen Strukturen zu verstehen und sich über dieses Verständnis einzuschwingen, fliegt man immer wieder heraus. Es ist einfach nicht zu *leisten*. Erst wenn ich das Denken aufgebe, einen Bewußtseinszustand von Teilhabe, von Eingebundensein in eine ganzheitliche Struktur erreiche, bin ich „darin". Dieses „Darinsein" kann dann Stunden dauern. Obwohl man scheinbar immer dieselben rhythmischen Impulse und Bewegungsläufe ausführt, wird es einem nicht langweilig: Das Bewußtsein von Zeit verschwindet und weicht einem Zustand tiefer Zufriedenheit bis glückseliger Allverbundenheit bei gleichzeitiger großer geistiger Klarheit. Man fühlt sich lebendiger und hat doch einen tiefen inneren Frieden. Wie viele Teilnehmer solcher Gruppen erlebte ich das Gefühl des Eingewobenseins in die rhythmischen Abläufe des Universums. Man fühlt sich im wahrsten Sinne des Wortes „in Ordnung". Man erfährt die Schicht in sich, die „in Ordnung" ist. Teilhabe und Individualität schließen sich in dieser Form der Trance nicht aus. Positive Beeinflussung von Schlaf- und anderen Störungen wurden von mehreren Teilnehmern gemeldet. Die gesundheitsfördernden und therapeutischen Aspekte des Rhythmus haben eine gute Perspektive – gerade für uns Abendländer.

Das Moment der Wiederholung, der Repetition finden wir in allen Religionen, im archaischen Kulttanz ebenso wie in Litaneien, Rosenkränzen, Mantras, Rezitationen und Gesängen. In der Musik tauchte es in den sechziger Jahren wieder auf, sowohl in der Pop-Rock-Musik und im Jazz als auch in der sogenannten „Minimal-Music", einer erklärtermaßen repetitiven Musikform, die in den USA vor allem von Terry Riley, La Monte Young und Steve Reich, in Deutschland von Peter Michael Hamel entwickelt wurde.

Repetitive, also wiederholungsorientierte Musik hat eine besondere Beziehung zur Zeit, wie Musik überhaupt. Während ein Bild oder eine Skulptur wie eine Fotografie, eine Momentaufnahme, das Festhalten eines Augenblicks, eines Punktes im fließenden

Zeitstrom sein kann, stellt Musik immer den fließenden Zeitstrom selbst dar – hier in Form gestalteten Klanges.

Die Hopi-Indianer sagen, das Herz des Kosmos sei der „Geist des Atems" oder das „Mächtige Etwas", aus dem die Dinge allmählich hervor- und in einen manifesten Zustand übergehen. Wenn sie dann manifest geworden sind, das heißt äußerlich wirklich, beginnen sie schon, vergangen zu sein.

Analoges geschieht beim Musizieren: Im Musiker entsteht die Idee, innerhalb einer Tonfolge einen bestimmten Ton zu spielen – hat er ihn gespielt, verklingt er, wird Vergangenheit, der nächste Ton erklingt, wird Vergangenheit und so weiter.

Alle Kulturen und religiösen Vorstellungen kennen aber auch den Begriff der „Nicht-Zeit", den Punkt, wo Ursprung und Gegenwart, Vergangenes und Zukünftiges eins werden, ewiges Jetzt, mythische Zeit. Diesen Zustand versuchen die Menschen traditionell durch Trance induzierende Wiederholung zu erreichen.

So ist es nicht verwunderlich, daß eine solche Entwicklung auf musikalischem Gebiet einherging mit dem Drang nach Bewußtseinserweiterung und Wiederentdeckung spiritueller Werte und Wege. Auch einige Wissenschaftler näherten sich den Beschreibungen von Mythen und Mystikern. Der französische Hals-Nasen-Ohren-Arzt Alfred Tomatis kam aufgrund seiner Forschungen zu der Hypothese, daß die Zelle gleichzeitig Spender und Empfänger akustischer Signale ist, die gespeichert und mit der Reifung des Nervensystems auf höherentwickelte Neuronenkomplexe übertragen werden. Solche Schwingungen, von Meditationsmeistern „unhörbarer Ton", von Tomatis „Klang des Lebens" genannt, beschreibt er als ein vibrierendes Summen, einen eindringlichen harmonischen Gesang.

„Schläft ein Lied in allen Dingen...", dichtete einst Joseph von Eichendorff, und wieder sind wir beim „Wort", beim „OM", bei „langi" und wie es in den Mythen der Völker sonst noch genannt wird. Es tönt in allem und jedem, ist jedem von uns erfahrbar – aber wie? Das deutsche Wort „Aufhören" in seinem Doppelsinn gibt einen Hinweis: Die äußere Aktivität, das Machen muß einem Inne-Werden, Still-Sein weichen, damit ich es höre. Jeder Mensch hat immer wieder Gelegenheit, sich Zeit und Raum dafür zu nehmen, die Gedanken und die äußeren Reize zu reduzieren, auf die Stille in seiner Mitte zu lauschen, sich horchend dahin zu orientieren, wo er die plätschernde Quelle des Seins vermutet – und sich an diese Quelle von Kraft und schöpferischer Energie anzuschließen.

Eine weitere einfache Möglichkeit (die sich mit der ersten gut verbinden läßt) ist es, lange einen Ton in angenehmer Stimmlage (ausprobieren!) zu summen und auf diese Weise selbst in Vibration zu geraten oder, anders ausgedrückt: sich als vibrierendes Wesen zu erfahren. So können wir den Mythos vom „klingenden Ursprung" als lebendige Erfahrung in unser Leben einbeziehen.

Wie die Musik
zum Menschen kommt

Nachdem die Welt geschaffen war, beschlossen die Götter, die ersten Menschen zu machen. Sie formten zwei Wesen aus Schlamm, ein weibliches und ein männliches... Die über Nacht Herangewachsenen gingen zusammen auf die Jagd und bauten sich Grashütten, da sie einen Unterschlupf brauchten. Eines Abends vernahmen sie ein Trommeln, das kein Ende nehmen wollte und aus nächster Nähe zu kommen schien. Es dauerte die ganze Nacht. Sie beschlossen, der Ursache des Trommelns nachzugehen, und als sie am nächsten Abend die Richtung einschlugen, aus der die Klänge kamen, konnten sie bald Stimmen unterscheiden, die heilige Gesänge rezitierten. Sie gelangten zu einer Waldlichtung mit einem kleinen Maisfeld und einer Hütte, in der ein Fest gefeiert wurde. Als sie dort ankamen, wurden sie von einer Frau gebeten, einzutreten. Drinnen sahen sie im Halbdunkel in der Hausmitte einen Altar stehen. Vier alte Männer, die mit Erdfarbe rot bemalt waren, sangen und schlugen die Medizintrommel für den beginnenden Tanz. Die Tänzer waren eine größere Anzahl junger Mädchen. Die beiden befanden sich im Hause der Mondfrau und ihrer Töchter, der Sterne. Der Rundtanz begann, und die ersten Menschen wurden ermahnt, genau achtzugeben, um den Tanz der

33

Sterne zu verstehen. Die alten Männer, die ihn durch ihre Zaubergesänge lenkten, waren Wind, Wolke, Blitz und Donner – die vier Mächte des Himmels.

Mythos der Pawnee-Indianer[8]

Das Trommeln und den Gesang lernten die Ewer von den Twi-Sprechern. Eine Erzählung sagt: Im Fanti-Gebiet war eine Stadt am Meer. Eines Tages fing das Meer zu trommeln an und sang verschiedene Lieder dazu. Die Einwohner der Stadt waren sehr erfreut, machten sich sofort eine Trommel und fingen auch an zu trommeln; sie sangen dazu Lieder, die sie vom Meer gehört hatten. Daher kommt es, daß auch unter uns viele Lieder in Twi gesungen werden.

Mythos aus Togo, Afrika[9]

Die Leute von Asaba sagen, die Musik sei zuerst ins Land gekommen durch einen Jäger namens Orgardiè, einen Mann aus Ibuzo, und zwar bei seiner Rückkehr von einer Jagdstreife auf Großwild. Orgardiè hatte den Weg in einem dichten Wald verloren. Da hörte er zu seiner Überraschung Musik erklingen. Er versteckte sich und merkte nun, daß die Musik von einer Schar von Waldgeistern herrührte, die immer näher kamen. Von seinem Versteck aus konnte Orgardiè genug hören und sehen, um sich die Tanzschritte und Melodien der gesungenen Lieder einzuprägen. Bei seiner Rückkehr ins Dorfe lehrte er seine Landsleute diese Musik, die „Egu olo" genannt wurde. Von Ibuzo wurde die Musik ins Asaba-Land eingeführt.

Mythos aus Südost-Nigeria[10]

Die Ursprünge der Musik liegen weit zurück. Sie entsteht aus dem Maße und wurzelt im großen Einen... Das, woraus alle Wesen entstehen und ihren Ursprung haben, ist das große Eine; wodurch sie sich bilden und vollenden, ist die Zweiheit des Dunkeln und Lichten. Sobald die Keime sich zu regen beginnen, gerinnen sie zu einer Form. Die körperliche Gestalt ist innerhalb der Welt des Raumes, und alles Räumliche hat einen Laut. Der Ton entsteht aus der Harmonie. Die Harmonie entsteht aus der Übereinstimmung... Die vollkommene Musik hat ihre Ursache. Sie entsteht aus dem Gleichgewicht. Das Gleichgewicht entsteht aus dem Rechten, das Rechte entsteht aus dem Sinn der Welt... Alle Musik wird geboren im Herzen des Menschen. Was das Herz bewegt, das strömt in Tönen aus; und was als Ton draußen erklingt, das beeinflußt wieder das Herz drinnen. Darum, wenn man die Töne eines Landes hört, so kennt man seine Bräuche. Prüft man seine Bräuche, so kennt man seine Gesinnung. Schaut man seine Gesinnung, so kennt man seine Art. Blüte und Untergang, Würdigkeit und Unwürdigkeit, edle und gemeine Gesinnung, alles drückt sich in Musik aus und läßt sich nicht verbergen. Darum heißt es: Tief ist der Einblick, den die Musik gewährt.

Aus „Frühling und Herbst des Lü Bu We", China[11]

Die Frage, wann, warum und wie der Mensch dazu gekommen ist zu musizieren, beschäftigt nicht nur den Mythos. Sie gibt den Wissenschaftlern verschiedenster Fachrichtungen Anlaß zu Spekulationen und Hypothesen. Eine in der Entwicklung begriffene Musikanthropologie sammelt diese Ansätze und kommt zu dem Ergebnis, daß Musik nicht zufälliges Dekor oder Ornament ist, sondern an alle wichtigen Verrichtungen geknüpft ist, „an Riten und Zeremonien, an Kult und Gottesdienst, an Politik und Rechtswesen, an die Heilung von Kranken; um meditative und Trancezustände zu erreichen; bei körperlicher und geistiger Arbeit; im Zusammenhang mit Erotik, Sexualität, Geburt, Initiationen, Totenbestattung, Klage, Kampf, Jagd, Spiel; und Tanz und Ballett, gesprochenes und gesungenes Theater, Poesie, Puppenspiel...“[12]

Die Bedeutung der Musik als Lebensgefühl der Gruppe scheint abzunehmen analog der Wichtigkeit des religiösen und magischen Elementes, welches ursprünglich alle Lebensbereiche durchzieht.

Diese Dinge sind, glaube ich, von allgemeinem Interesse, auch um der Frage näherzukommen, was Musik heute für jeden einzelnen, in seinem Leben, und für uns als Gruppenwesen eigentlich bedeutet. Beispielsweise ist die Verbindung von Musik und Arbeit ja heute wieder aktuell, wo man sie, was sehr fragwürdig ist, zur Hebung der Arbeitslust gezielt einsetzt. Beim Naturmenschen existiert die Trennung zwischen Arbeit und Seinsgenuß nicht. Alles ist Spiel, und die Arbeitsgesänge werden weniger zur Erzeugung von Arbeitswilligkeit gedient haben denn vielmehr als Ausdruck der Einheit mit dem, was man gerade tut. Auf Schallplatten mit Musik von Naturvölkern kann man einen Eindruck davon bekommen, wie der Rhythmus des Hirsestampfens oder das Knarren der Kinderwiege mit den entsprechenden Liedern eine Einheit bilden, welche das spielerische Element im Leben – und damit seine

Qualität und seinen Genuß – erhalten. Hier jedoch *die* Quelle des Musizierens zu suchen, das wäre einseitig.

Vor einigen Wochen sah ich einen amerikanischen Dokumentarfilm aus den fünfziger Jahren über das Leben eines afrikanischen Stammes. Ich hatte zugeschaltet und kannte keinerlei Zusammenhänge wie Gebiet, Name des Stammes oder Intention des Films. Ich sah nur, was da passierte, und hörte die Stimme des Kommentators. Dieser beschwor immer wieder die Härte dieses Daseins, die Armut und Primitivität der Menschen und wie sie sich quälen mußten, beispielsweise eine Brücke zu bauen. Dabei sah man Bilder von lachenden, scherzenden schwarzen Menschen, die behend Seile verfertigten und diese zu einer Brücke verflochten. Während des schwierigsten und kraftaufwendigsten Teiles der Arbeit, die Brücke als Ganzes festzuspannen, trommelte einer der Männer einen Rhythmus, die anderen sangen und verwendeten Rhythmus und Gesang, um abgestimmt in der Gruppe gemeinsam zu ziehen und zu spannen. Niemand schien trotz der Schwere der Arbeit unter Streß zu stehen, sondern alles wirkte wie müheloses organisches Miteinander. Danach feierten sie so etwas wie ein „Richtfest", begleitet von herablassenden Worten des Sprechers, sinngemäß, daß die armen Primitiven ja sonst nicht viel hätten vom Leben. Trommeln, Rasseln, Gesänge, Tänze, Spiele, schöne Leiber, die sich anmutig bewegten, Gesichter, die von Lebensfreude strotzten – eine Szene, die mich, gerade durch den mir dagegen armselig erscheinenden Stimmklang des Kommentators, sehr berührte. Er stand für mich in gewisser Weise stellvertretend für den euro-amerikanischen Zivilisationsmenschen in seinem Zustand des Herausgefallenseins aus solchem organischen Teilhabe-Bewußtsein.

Ich möchte betonen, daß hier keine romantische Verherrlichung des Naturmenschen (den es so allgemein ja auch gar nicht gibt) propagiert werden soll. Dieses Leben hat seine Schattenseiten wie unsere Kultur auch ihre lichten Aspekte. Aber wenn unsere Politiker das Schlagwort „Lebensqualität" verwenden, so meine ich, daß wir hier dazulernen könnten. Nicht in puncto Quantität – Dinge besitzen wir weitaus mehr –, sondern, was die Qualität des Sich-lebendig-Fühlens anbetrifft. Diese Qualität ist etwas sehr Tiefes und Ursprüngliches. Gerade rhythmische Musik weckt diese Schichten in uns auf. Immer wieder mußte ich erleben, daß in Deutschland bei Konzerten von Gruppen mit rhythmischer Musik aus Afrika, Südamerika und der Karibik die Anwohner (welche sonst wesentlich lautere und in gewisser Weise wildere Rock- und Jazzmusik ertrugen) aggressiv und hysterisch reagierten, die Polizei riefen, „wahnsinnig" wurden, es „nicht aushielten". Diese Musik appelliert offensichtlich an Bereiche der menschlichen Psyche, die für den Zivilisierten bedrohlich sind (und psychiatrisch kontrolliert werden müssen). So viel Lebendigkeit, Pulsation, Energie, Ekstase gefährdet die unsere Kultur bedingende Form der Triebunterdrückung, setzt den „Wilden" in uns frei. Ursprüngliche Musik könnte uns aber, wenn zugelassen, auch Wege zu diesen verschütteten Schichten in uns selbst zeigen – ohne daß wir unsere Geschichte dafür wie das Kind mit dem Bade ausschütten müßten. Aber, wohlgemerkt, ich rede von ursprünglicher Musik, nicht vom Ursprung der Musik.

Biologen vermuten diesen Ursprung entweder in der Liebeswerbung, also zu Paarungszwecken, oder im Kräfteüberschuß, im affektiven Gefühlsausbruch, Urschrei oder Urlaut.

Die Musikgeschichte weiß über die Ur- und Frühzeit der Musik wenig zu berichten. Es gibt keine (zumindest keine entzifferbare) Notenschrift, und die technischen Schallträger gibt es bekanntlich erst seit unserem Jahrhundert. Funde sind relativ spärlich: Felsbilder von Zauberern, Maskentänzern und Riten lassen darauf schließen, daß urzeitliche Musik mit Religion, Heilung, Kult, Tanz, Schamanismus verbunden war. Bildnerischer Ausdruck und die Erzählung sind spätere Formen des Mythos. Es wird vermutet, daß dieser zunächst als dramatische Darstellung entstand in Form von Tanz und Pantomime in Verbindung mit Musik, rhythmischem Händeklatschen und Fußstampfen der Gruppe bis hin zu solistischem Gesang und Instrumentalspiel. Letzteres war vor allem Aufgabe des Zauberers oder Schamanen als Vorläufer des (professionellen) Musikers.

Magische, religiöse und kultische Funktionen hat die Musik sicher seit Urzeiten, wobei sie einerseits für Heilungszwecke, Psychohygiene und pädagogische Ziele (durch die Lieder lernten die Kinder alles Wissenswerte von der Welt, Geschichte, Mythologie und Kultur ihres Stammes) eingesetzt wurde, andererseits auch für konkrete Bedürfnisse des alltäglichen Lebens genutzt wurde wie beispielsweise dem Wachstum der Pflanzen. Dazu eine Geschichte, wie sie in unseren Tagen in den USA passierte:

„Washingtons Anteilnahme an den Sorgen und Nöten der Navajos und Hopis konkretisierte sich in einem Gesetz, das unter dem Namen ‚Navajo Hopi

Rehabilitation Act' bekannt wurde. Was die Gesetzgeber unter anderem am meisten irritierte, war die Tatsache, daß es noch immer Hopis gab, die ihre Felder mit Grabstöcken bestellten, und daß die modernsten Ausrüstungen überhaupt, die sich bei dem einen oder anderen Hopi fanden, aus Hacken und Schaufeln bestanden. Als Antwort auf diese tragische Situation nahm der Kongreß auch noch ein Hilfsprogramm zur Modernisierung der Hopi-Landwirtschaft in das Gesetz auf. Die Erfolge dieses Programms sind mittlerweile Legende. Die neuesten wissenschaftlichen Erkenntnisse der Agronomie, Boden- und Zuchtpflanzenkunde sowie die jeweils besten Maschinen, die von der modernen Technik entwickelt werden konnten, alles vereinte sich zu einem gemeinsamen Bemühen, dem nichts vergönnt war außer einem kläglichen Scheitern. Jedes Jahr beobachteten die Experten aufs neue, wie ihre Pflanzen auskeimten, emporwuchsen und schließlich verwelkten und verdorrten, ohne überhaupt erst ausgereifte Ähren hervorgebracht zu haben. Die heiße, trockene und windreiche Umwelt der Hopis war anscheinend eine zu große Herausforderung. Nach einigen Jahren wurde das Projekt aufgegeben, und die Fachleute machten sich mit eingezogenem Schwanz auf den Heimweg. Es ist interessant und wichtig, festzuhalten, daß während all dieser Jahre voller mißlungener Versuche der Wissenschaftler die Ernten der Hopis in der üblichen Größenordnung ausfielen. Die Getreidehalme der Hopis verwelkten nicht, und die Ähren waren groß und voll entwickelt. Für sie war es eine überreiche Ernte. Die ganze Zeit nur achteten die Hopis wenig auf die Wissenschaftler und deren Helfer. Sie baten sie weder um Rat, noch boten sie ihnen einen solchen an. Die Wissenschaftler beobachteten ihrerseits, daß das Getreide der Hopis nicht verdorrte wie das, das sie selbst ausgesät hatten. Nachdem sie jede nur denkbare Modifikation vorgenommen hatten, waren einige Wissenschaftler am Ende ihrer Versuche verwirrt und neugierig genug, einen der Hopi-Bauern um eine Erklärung dafür zu bitten, warum die Saat der Hopis zu einer Ernte führte, die der Wissenschaftler dagegen nicht. In einer für die Hopis typischen, ruhigen, beiläufigen und höflichen Weise kam die Antwort: Der Unterschied ist einfach – wir besingen unser Getreide."[13]

Von Archäologen gefundene Instrumente wie Knochenflöten, Steinspiele, Musikbögen, Trommeln sagen uns nicht viel über Spielweise und Art der Musik – dies bleibt unserer Phantasie überlassen. Nur eins ist sicher – wo Menschen leben, wird in irgendeiner Form musiziert. Will man wissen, wie es dazu kommt, und sieht man in den Menschen mehr als zum Denken entwickelte Tiere, Wirtschaftsfaktoren und Unterhaltungskünstler, bleibt als Quelle noch immer der Mythos. Der Mythos wählt Bilder, um den Ursprung menschlichen Musizierens zu erklären. Diese Bilder stammen aus der Natur. Das Meer tönt, es trommelt und singt, und die Menschen trommeln und singen die Lieder, die sie das Meer lehrt. Im tiefsten dichten Wald ertönen Klänge; die Waldgeister lehren den, der sich dorthin verirrt. Wind, Wolke, Blitz und Donner, die vier alten Männer, die durch ihre Zaubergesänge den Tanz der Sterne lenken, lehren die ersten Menschen. Bei den Griechen sind es die Musen, später Apollon, göttliche Wesen, die dem Menschen das Musizieren beibringen. Bei den Germanen lehrt Odin, der oberste Gott, den Menschen die Kunst des Gesangs und der wohlausgewogenen Rhythmen. Im mythischen Denken setzen sich die ersten musizierenden Menschen in Einklang mit den Klängen und Rhythmen der Natur, in der sie die Stimme des göttlichen Geistes durchtönen hören. Häufig leben die mit Musik verbundenen mythischen Wesen an Meer, Quelle, Fluß, am Wasser also, einem alten Symbol für Klang, das uns noch häufig begegnen wird – die Bedeutung der intrauterinen Phase in der Ontogenese des Menschen wurde bereits erwähnt. Aber auch andere Stimmen der Natur, Wind, Donner, Wald, tauchen auf. Hermes er-fand die Leier, als er am Nil mit dem Fuß an eine Schildkrötenschale stieß, in der einige Sehnen erklangen, die durch die Trockenheit gespannt waren.

Musizieren erweist sich oft als hilfreich. In Märchen und Mythen rettet sich der Held oft durch Singen, Flöten, Geigen oder sonstiges Musikmachen: Wilde Tiere oder andere bedrohliche Wesen beruhigen sich, fangen an zu tanzen, sind von der Zauberkraft der Musik gebannt, versöhnt, verwandelt.

Wir hatten schon gehört, daß sie ein zentrales Mittel zum Kontakt mit dem Unsichtbaren, Unbewußten, mit den transzendenten Kräften ist, die sich in Geistern oder Göttern verkörpern. Diese sprechen zum Menschen durch die Musik, durch welche wiederum die Menschen zu ihnen sprechen können.

Im Mythos ist die Welt aus Klang entstanden, Klang hält sie zusammen. Jeder Teil der Welt schwingt in einem bestimmten Frequenzbereich, tönt und drückt durch dieses Tönen sein Wesen aus.

Bei einigen Tieren ist uns das fast selbstverständlich, das Summen der Bienen, das Zirpen der Grillen und der Gesang der Vögel bezaubern uns. Man kann dieses Tönen zum Teil auch funktional erklären, aber es ist fraglich, ob man damit dem *Wesen* der Lebewesen gerecht wird, oder ob ein mythisches Denken, das es beispielsweise als Lobgesang für den Schöpfer deutet, nicht zumindest genauso seine Berechtigung hat. Jedes Geschöpf stellt sich akustisch dar; in seinem Tönen offenbart es seine Wirklichkeit in dieser Welt. Dazu gehören auch Angstschreie, Lustjubel, Aggressionsknurren, Klagelaute, Zärtlichkeitsschnurren, Wutgebrüll, tönende Liebeswerbung und Verschmelzungshingabe – all diese Töne der Seele sind das Klangmaterial, aus dem die Musik gestaltet wird, vom direkten improvisierten Ausdruck der Seinserfahrung bis zur geistig durchgestalteten Komposition als Ergebnis des künstlerischen Schaffensprozesses. Das meint vermutlich Lü Bu We, wenn er sagt: „Alle Musik wird geboren im Herzen des Menschen, was das Herz bewegt, das strömt in Tönen aus."

Das chinesische Buch der Wandlungen, das I Ging, wählt in diesem Zusammenhang das Bild des Donners:

Der Donner kommt aus der Erde hervorgetönt: das Bild der Begeisterung. So machten die alten Könige Musik, um die Verdienste zu ehren. Und brachten sie herrlich dem höchsten Gotte dar, indem sie ihre Ahnen dazu einluden.[14]

Auf den Menschen angewandt, bedeutet der Donner den Affekt, der im Schrei, im Juchzer unwillkürlich aus dem Unbewußten hervortönt. Der Mensch aber bleibt hier nicht stehen. Für sein Streben nach den verschiedensten Formen von sozialer Ordnung und Kultur ist die Entwicklung geistiger Formen kennzeichnend.

Der Schmerz über eine enttäuschte Liebe wird über das affektive Weinen hinaus geistig gestaltet in der Liebesklage, in einem Lied, welches zu singen Ausdruck des seelischen Erlebens und seine Bewältigung bedeutet – „Trauerarbeit" nennt man es heute in der Sprache der Psychologie. Leider greifen in unserer Gesellschaft nur noch wenige Menschen zu dieser alten Möglichkeit, die in vielerlei Krisen und Übergangssituationen hilfreich sein kann. Musisch Gebildete haben im allgemeinen ein Repertoire an eingeübten Stücken, welche verschiedenen Gefühlszuständen entsprechen. Dabei bringt es erfahrungsgemäß nicht viel, sich das Gegenteil der aktuellen Stimmungslage musikalisch zuzuführen, also beispielsweise Traurigkeit durch lustige Musik „kurieren" zu wollen, sondern die Musik, die man macht oder hört, sollte immer der aktuellen Stimmung entsprechen.

Auch wer musikalisch keine Ausbildung hat, ist nicht dazu verdammt, auf musikalischen Ausdruck zu verzichten. Ich möchte dazu ermutigen und dafür auch von mir selbst erzählen. Mein eigener Weg zur Musik gestaltete sich günstiger, als das bei vielen musisch Gebildeten in unserer Kultur üblich ist. Ich hatte das große Glück, daß mir Instrumente zur Verfügung gestellt wurden, ohne daß meine Eltern in diesem Punkt Leistungsdruck auf mich ausübten. Vor allem das Klavier zog mich in jungen Jahren sehr an wegen der Vielzahl seiner Möglichkeiten. Es stand im Wohnzimmer meiner Großmutter, einem Raum, der selten benutzt wurde. So hatte ich Raum und Zeit zur Verfügung, konnte in aller Ruhe ausprobieren, experimentieren, erforschen – mit einem Wort: improvisieren. Es gab immer wieder Lieder und andere Musik, die ich irgendwo gehört hatte und die mich so faszinierte, daß ich sie unbedingt spielen wollte. Ich probierte erst immer die Melodien, dann suchte ich passende Akkorde aus. Bei Liedern entwickelte ich zum Gesang Baßlinien mit der linken Hand und rechts Akkorde, die ich je nach Stimmung des Liedes auch gebrochen spielte. Da ich nicht jedes Lied in jeder Tonart singen konnte, mußte ich andere Tonarten benutzen. So lernte ich mit der Zeit auf den drei Ebenen Melodie, Harmonie und Baß die grundlegenden Gesetze unserer abendländischen Musik nach der „Hören – nachspielen – variieren-Methode". Ich spielte beispielsweise auch mal „wie Mozart", indem ich versuchte, die Art, Stimmung und Grundstrukturen seiner Musik nachzugestalten. Da ich kein zweiter Mozart bin und auch bei Liedern, die ich nur ein oder wenige Male gehört hatte, sich viel eigene Phantasie hinzumischte, entfernte ich mich nie weit von meinem Ursprung, der reinen Improvisation. Ich spielte quasi auf zwei Ebenen, der sogenannten „freien Improvisation" ohne vorgegebene Struktur und der „gebundenen Improvisation", die sich an bestimmten Harmoniefolgen orientiert. Dabei gefielen mir dann immer wieder eigene kleine Musikstücke, die ich mir merkte, an denen ich weiter herumtüftelte, die sich veränderten und irgendwann vergessen wurden. Dies änderte sich ein wenig, als ich auf eigenen Wunsch Klavierunterricht erhielt. Mein Lehrer war

ein sehr netter Mann, der Leiter des örtlichen Tanz-
orchesters und damit musikalisch offen. Viele Fragen, die sich während meiner autodidaktischen Phase ergeben hatten, konnte er mir beantworten. Neben den üblichen klassischen Werken brachte er
mir Schlager und Popmusik der damaligen Zeit bei,
und so lernte ich das, was ich mir selbst ohne Noten
beigebracht hatte, noch einmal von dieser Seite. Das
war eine wichtige Ergänzung meiner musikalischen
Bildung; die Basis war aber nach wie vor der eigene
Zugang, das, was ich selbst fand. Auch meine heutige Musik ist frei, eigene Gestaltung und Improvisation. Musik ist für mich immer mit dem eigenen
Ausdruck verbunden gewesen, ob ich Freude oder
Schmerz gestaltete oder klanglich philosophierte.
Und dies ist auch Ziel und Sinn meiner Arbeit als
Musiker, Pädagoge und Therapeut.

Ursprüngliche, im Sinne von elementarer, Musik
eignet sich außer für pädagogische Zwecke gut für
musikalische Sozialarbeit und Musiktherapie.

Aggressive Gefühle von Jugendlichen, die sich in
Zerstörungswut äußern, lassen sich besser kanali-
sieren, indem man ihnen Gelegenheit gibt, unter
Anleitung und Begleitung zu trommeln, zu klat-
schen, mit den Füßen zu stampfen, um dann in der
Gruppe eine gemeinsame Form zu finden, dyna-
misch fließende Gemeinschaft, und damit auch ein
Stück Erfüllung und inneren Frieden.

In der Musiktherapie mit psychosomatisch Er-
krankten erlebt man, daß Symptome sich bessern
oder vorübergehend verschwinden, wenn das dahin-
terstehende Gefühl im frei improvisierten Musizieren ausgedrückt wird. Dauerhafte Besserung kann
natürlich nur in einem längeren Erfahrungs-, Ein-

sichts- und Übungsprozeß erreicht werden, in dem sich die eingefahrenen leidbringenden Muster allmählich wandeln. Aber die Erfahrung einer Symptombesserung aufgrund veränderten Erlebens und Verhaltens motiviert für diesen Prozeß, schafft eine veränderte Grundhaltung gegenüber der Krankheit.

Ein junger Mann, der an Magengeschwüren litt, kam mit Schmerzen in die morgendliche Musiktherapiegruppe. Er saß mit zusammengebissenen Zähnen zusammengekrümmt da und signalisierte mit den Augen: Ich kann nicht. Ich ließ ihn anfangs in Ruhe, stellte aber immer wieder Blickkontakt her. Ich nahm bei ihm einen Konflikt wahr zwischen Aggression (in den zusammengebissenen Zähnen) und gleichzeitigem Sich-schwach-Fühlen (die Augen flehten um Schonung). Als mir klar wurde, daß er dieses Dilemma nicht würde allein lösen können, nahm ich musikalischen Kontakt zu ihm auf. Ich stellte eine große Trommel zwischen uns beide, wie eine Brücke, und lief mit den Fingern auf ihn zu. Es war ihm sichtlich schwer, daß ich ihn so direkt anging, und er wich mir zunächst aus. Schließlich spielte er brav mit mir einen Rhythmus, in dem ich ihn aber überhaupt nicht fand. Er reizte mich, ihn aus der Reserve zu locken, um wirklich ihn selbst zu treffen. Ich stieg aus dem unstimmigen Rhythmus aus und begann so zu spielen, wie mir zumute war: unzufrieden mit der Unstimmigkeit der Situation. Er war spürbar verärgert, daß ich die „schöne Harmonie" aufgegeben hatte, traute sich aber nicht, dies zu zeigen und auszudrücken. Er blieb brav. Dies ärgerte nun mich wiederum, und ich begann, ihn zu provozieren. Ich ließ ihm keinen Raum mehr auf dem Trommelfell, drückte dies herunter, so daß sein Spiel nicht mehr zum Klingen kam, und hieb aggressive Schläge in seine Richtung, bis er seinen Scheinfrieden brach und einen wahren Trommelhagel losließ, den ich nun nurmehr begleitete. Sein Gesicht entkrampfte sich mehr und mehr, aus der zusammengekrümmten wurde eine aufrechte Gestalt, und als wir uns im Spiel wiederfanden, war sein Blick fest und klar und der Rhythmus stimmig.

Die zusammengebissenen Zähne waren körperlicher Ausdruck einer kindheitsbedingten Wut auf seinen Vater, die er zurückhielt, so daß sie ihm auf den Magen schlug. Seine „Ich-kann-nicht-Haltung", die zusammengekrümmte Unterwürfigkeit und Bravheit spiegelten noch immer die kindliche Ohnmacht gegenüber dem erwachsenen Elternteil. Es bedurfte einer Aktualisierung dieser Situation im therapeutischen Rahmen, innerhalb dessen der Patient seinen Vater auf mich projizieren konnte, die Wut wieder spürbar und erlebbar wurde und damit Ausdruck und Bearbeitung zugänglich. Mit Hilfe der Trommel konnte er die Wut handeln, etwas *machen* und nicht *ohnmächtig* bleiben. Er fand hier nun einen Partner, der die Wut aushielt, ihn in diesem starken Gefühl stützte, begleitete und mit ihm den Weg zu einem neuen, stimmigeren Spiel ging.

Diese Handlungsebene im Spiel ist eine wichtige Möglichkeit der Musiktherapie. Sie schließt spontanen Gefühlsausdruck, Rollenspiel, Begegnung und Beziehung auf der nichtsprachlichen (analog zur vorsprachlichen) Ebene ein und bietet Raum für kreatives Gestalten inneren Erlebens. Gerade das Atmosphärische, welches mit Worten oft so schwer zu erreichen ist, kann hier ins Spiel gebracht werden, den Zugang zu manchen inneren Räumen ermöglichen und die darin gespeicherten Konflikte lösen helfen.

Die Unterdrückung von Gefühlen ist genausowenig ratsam wie das hemmungslose Ausagieren jedes auftauchenden Affektes, da dies eine soziale Ordnung unmöglich machen würde. Musik und Bewegung sind die uralte Möglichkeit, die von innen kommenden Gefühle tönend herauszulassen – und der Strukturierungsprozeß läßt erfahrungsgemäß nicht lange auf sich warten. „Sie entsteht aus dem Maße", das heißt: Musik ist akustischer Ausdruck der schöpferischen Energie, die im Chaos immanent ist und Kosmos schafft. Der Mensch trägt dieses Schöpferische, diesen geistigen Drang zur Gestaltung in sich und auch dieses Maß, als Keimzelle enthalten in jeder periodischen Schwingung, im einzelnen Ton und als Ganzheit der Teiltonreihe, die die harmonikale Struktur der Naturordnung symbolisiert. Deswegen finden wir auch letztlich in allen Kulturen die gleichen Intervalle und Grundrhythmen. Es sind musikalische Archetypen, die im kollektiven Unbewußten angelegt sind, jenem numinosen Bereich der Geister und Götter, die den Menschen die Musik lehren.

Auch der sogenannte „Unmusikalische" braucht eigentlich nur äußerlich still in sich hineinzuhorchen, „auf-zu-hören", und ihm werden alle Gesetze und Geheimnisse der Musik offenbart. Denn jeder trägt dieses Wissen in sich. Gehemmt wird seine Entfaltung durch die Angst, Fehler zu machen. Das natürliche Gefühl für Rhythmus beispielsweise läßt sich bei naturnahen Völkern gut beobachten. Wir Weißen, die wir der Natur außerhalb und innerhalb von uns selbst abstrakte, leistungsgerechte Rhythmen, Maße und Intervalle aufzwingen, nach Terminkalender und Stechuhr funktionieren müssen, haben es allerdings schwer, die Stimme und den Rhythmus der natürlichen Ordnung in uns wahrzunehmen, uns einzuschwingen. Dafür müßten wir ein Bewußtsein der Teilhabe am Ganzen entwickeln, wieder lernen, uns in die sinnvolle Ordnung, die Fuge des Lebensprozesses, einzu-fügen.

Sowohl das Meer als auch der Wald sind bekannte Symbole des Unbewußten, welches uns Menschen die Musik offenbart, wenn wir lauschen und aufnahmebereit sind. In manchen Stammeskulturen ist es Brauch, sein Lied zu finden oder ein Kraftlied aufzuspüren, indem man in die Einsamkeit geht, fastet und Melodie und Text *findet* oder *träumt*. Überhaupt werden viele Gesänge, besonders schamanische, in Träumen und Visionen erfahren oder durch einen Schutzgeist eingegeben. Auch dies ist eine Möglichkeit, sich durch das Unbewußte Musik offenbaren zu lassen, von der in den Stammeskulturen, die stark im mythischen Denken leben, selbstverständlich Gebrauch gemacht wird.

Natürlich schöpfen die abendländischen Komponisten letztlich aus der gleichen Quelle, einer Quelle, die aber jedem zugänglich ist, der ernsthaft nach ihr forscht. Einsamkeit, Stille in der Natur und Fasten als Mittel zur Weckung geistiger Kräfte, die Reduzierung der Außenreize und Eindrücke sind uralte Methoden, um Kontakt aufzunehmen mit jenen tieferen Schichten in uns selbst, in denen wir Klängen und Rhythmen begegnen und sie ausdrücken mit Instrumenten und Stimme.

Um den inneren Musiker zu erwecken, begeben wir uns doch einmal in eine quasi mythische Situation. Wir stellen uns vor, wir bekommen in mythischer Zeit von einem Gott das erste Instrument geschenkt, setzen uns an dasselbe und probieren es aus wie der mythisch erste Mensch: Es gibt (Gott sei Dank) noch keine Idole, Virtuosen, Musiklehrer, Kritiker, keine richtigen oder falschen Töne – es ist erlaubt, die eigenen Töne zu finden, erste Strukturen, musikalische Gestalten selbst zu entdecken und sich zu erfreuen, ohne sich zu vergleichen. Hierfür eignet sich jedes Instrument, bei dem nicht schon das Erzeugen der Töne schwierig ist. Ich kann einen Ton spielen und einfach warten, welcher kommt als nächstes aus mir, und so weiter – mir selbst gespannt beim Spiel lauschen: „Was spielt er/sie als nächstes?"

Wenn ich Vertrauen in diesen Prozeß habe, kommt die Musik zu mir, so sicher, wie sie einst zu den mythischen ersten Menschen kam.

Entfesseln und ordnen –
Wandlungskräfte der Musik

In Hooper Bay in Alaska, an der Beringsee-Küste, haben die Eskimos einige große Medizinmänner gehabt. Nayatok war besonders berühmt wegen seiner Fähigkeiten als Wettermacher. Er vollführte so mancherlei, um Regen zu bringen oder die Windrichtung zu verändern oder mildes Wetter zu bewirken. Oft ging er hinaus in die Berge hinter Hooper Bay und machte „Medizin", indem er sein Messer in die Luft warf, während er seine Gesänge sang. Und oft veränderte sich die Richtung des Windes.

Aus einer Eskimo-Erzählung in Alaska[15]

Nach Tanz der Hopis endlich Regen

Schlagzeile aus der Südwest-Presse vom 11. 7. 1988

Ein Jäger erlegte ständig eine Menge Wild, und das verdankte er seiner Harfenlaute, die er vor jedem Auszug zur Jagd zu Ehren seines „grigri" (seines Jagdzaubers) spielte. Eines Tages ging er wieder auf die Jagd. Er überquerte zwei Bergzüge, konnte aber kein Wild aufspüren, da er versäumt hatte, vor seinem Aufbruch die Harfenlaute zu spielen. Da grub er ein Loch in die Erde und suchte sich große Blätter, in deren Mitte er eine Raphiaschnur festknüpfte. Er pflöckte sie (über dem Loch) auf dem Boden fest. Danach steckte er neben dem

Loch einen Stock in die Erde, befestigte daran das
andere Ende der Schnur und spannte den Ast wie
für eine Falle. Sobald er die Saite des Erdbogens
anrührte, redete sie gerade so wie die Harfenlaute
im Dorfe. Da erlegte der Jäger eine Menge Wild.

Erzählung der Dan, Elfenbeinküste[16]

In alten Zeiten muß die ganze Natur lebendiger
und sinnvoller gewesen sein als heutzutage. Wir-
kungen, die jetzt kaum noch die Tiere zu bemerken
scheinen und die Menschen eigentlich allein noch
empfinden und genießen, bewegten damals leblose
Körper; und so war es möglich, daß kunstreiche
Menschen allein Dinge möglich machten und Er-
scheinungen hervorbrachten, die uns jetzt völlig
unglaublich und fabelhaft dünken. So soll vor ural-
ten Zeiten in den Ländern des jetzigen griechischen
Kaisertums, wie uns Reisende berichten, die diese
Sagen noch dort unter dem gemeinen Volke ange-
troffen haben, Dichter gewesen sein, die durch den
seltsamen Klang wunderbarer Werkzeuge das ge-
heime Leben der Wälder, die in den Stämmen ver-
borgenen Geister aufgeweckt, in wüsten, verödeten
Gegenden den toten Pflanzensamen erregt und blü-
hende Gärten hervorgerufen, grausame Tiere ge-
zähmt und verwilderte Menschen zur Ordnung
und Sitte gewöhnt, sanfte Neigungen und Künste
des Friedens in ihnen rege gemacht, reißende Flüs-
se in milde Gewässer verwandelt und selbst die
totesten Steine in regelmäßige tanzende Bewegun-
gen hingerissen haben. Sie sollen zugleich Wahrsa-
ger und Priester, Gesetzgeber und Ärzte gewesen
sein, indem selbst die höheren Wesen durch ihre
zauberische Kunst herabgezogen worden sind und

*sie in den Geheimnissen der Zukunft unterrichtet,
das Ebenmaß und die natürliche Einrichtung aller
Dinge, auch die inneren Tugenden und Heilkräfte
der Zahlen, Gewächse und aller Kreaturen ihnen
offenbart haben.*

Novalis, Die Arion-Sage[17]

*Nök, der Wassergeist, war es, der den Menschen
das Musizieren lehrte. Dabei schlang er seinen
Gürtel um sich und den Menschen, und wenn die
Lektion vorbei war, sprang er wieder in die Fluten
hinab. War der Mensch nicht stark genug, daß der
Gürtel zerriß, wurde er mit in die Tiefe gezogen.*

Nordischer Mythos[18]

*Pythagoras richtete kraft eines unsagbaren und
schwer vorzustellenden göttlichen Vermögens sein
Gehör und seinen Geist fest auf das erhabene Zusammenklingen der Welt. Daher hörte und verstand er – wie er erklärte – ganz allein die gesamte
Harmonie und den Weltgesang der Sphären und
der Gestirne, die sich darin bewegten. Diese Harmonie ergab eine vollkommenere und erfülltere
Musik als die irdische, denn aus ungleichen und
sich mannigfach unterscheidenden Geschwindig-
keiten, Tonstärken und Schwingungsdauern von
Klängen, die aber doch in einer klaren, überaus
musikalischen Proportion aufeinander abgestimmt
sind, werden Bewegung und Umlauf zugleich überaus wohlklingend und in ihrer Farbigkeit unaus-
sprechlich schön gestaltet. Von dieser Musik ließ er
sich gleichsam durchtränken, ordnete seinen Geist
in diesen reinen Verhältnissen und übte ihn darin –
wie ein Athlet seinen Körper trainierte. Darauf ge-
dachte er seinen Jüngern, so gut es ging, Abbilder*

zu geben, indem er die Sphärenmusik auf Instru-
menten und durch die bloße Stimme nachahmte.

Aus einem Bericht des Iamblichos[19]

Indem sie nämlich Musik trieben, verbreiteten
sie den Odem der acht Winde, bändigten sie die
Leidenschaften der Welt. Daher waren die Töne der
Musik schlicht, ohne zu verletzen, harmonisch, oh-
ne ausschweifend zu sein; sie drangen ins Ohr, be-
rührten das Herz und waren durchgängig schlicht
und harmonisch.

Unter den späteren Geschlechtern wurde Recht
und Sittlichkeit nicht gepflegt; die Regierung ward
grausam, die Strafen wurden verworren; man ließ
den Begierden freien Lauf und vernichtete die In-
tervalle. Das niedere Volk war erschöpft und un-
glücklich. Indem sie behaupten, die alte Musik sei
nichts wert, ersetzen sie sie durch neue Töne. Ab-
weichend und ausschweifend, mißmutig und haß-
erfüllt, erregten dieselben die Begierden und ver-
mehrten das Elend.

Tschen-tsi, Sittlichkeit und Musik[20]

Diese Musik ist es, die Staaten, die in Verwirrung
sind, lieben und an der sich Menschen verfallener
Tugend freuen. Wenn unreine und sittenverderben-
de Musik aufkommt, so bewirkt sie unreinen Geist
und schlechte Gesinnungen. Durch diese Wirkung
werden alle Arten von Lastern und Schlechtigkei-
ten geboren. Darum kehrt der Edle zum rechten
Weg zurück und pflegt seine Tugend. Aus reiner
Tugend entströmt reine Musik. Durch die Harmo-
nie der Musik bewirkt er Ordnung. Ist die Musik
harmonisch, so schätzt das Volk das Rechte.

Aus „Frühling und Herbst des Lü Bu We"[21]

Gelegentlich geschieht es, daß in einer Therapie- oder Selbsterfahrungsgruppe freie musikalische Improvisationen einen ekstatischen Charakter annehmen. Die Gruppenmitglieder sind schon vertraut miteinander und trauen sich, Seiten zu zeigen, die im Alltag eher zurückgehalten werden. Und dann bricht es in einer Phase des Gruppenprozesses aus den Musizierenden hervor: Lange aufgestaute, starke Gefühle entladen sich im Trommeln und Blasen, die Stimmen tönen laut, vielleicht tanzen einige für sich oder miteinander.

In einer solchen Szene geschieht es gelegentlich, daß ein einzelnes Gruppenmitglied sich nicht einschwingen kann und sich dann besonders einsam und ausgeschlossen fühlt. Einmal erlebte ich, wie ein junger Mann in einen solchen Bewußtseinszustand tiefen Ausgeschlossenseins geriet, der sehr reale biographische Hintergründe hatte. Er verfiel in eine Art Benommenheit, kroch auf allen vieren in Richtung Ausgang und wollte davon. Ich ging zu ihm und versuchte, mit ihm zu reden, aber er war auf der verbalen Ebene nicht erreichbar, lallte unverständlich, und als ich ihm signalisierte, daß ich ihn in diesem Zustand nicht fortlassen würde, sank er wie ohnmächtig in sich zusammen und verweigerte jede Kommunikation. Nach einem Moment der Irritation und des inneren Dialogs darüber, was nun zu tun sei, entschied ich mich schließlich, die Möglichkeiten und Kräfte musikalischer Intervention zu nutzen. Die anderen Gruppenmitglieder hatten inzwischen betroffen mit ihrem Spiel aufgehört, und ich bat einen von ihnen, mir zu helfen. Wir trugen ihn zurück in den Kreis und setzten ihn vor mich, so daß er mit dem Rücken gegen meine Brust lehnte.

Ich hielt die ganze Zeit über verbalen Kontakt zu ihm aufrecht, sagte ihm alles, was ich tat. Dann stellte ich eine Trommel vor uns hin, nahm seine Hände und legte sie auf das Fell. Ich bot ihm an, das Fell (welches eine Analogie zur menschlichen Haut darstellt) zu spüren, es zu streicheln, ihm zu lauschen, in Kontakt mit ihm zu treten. Ich führte ihn dabei ganz allmählich über seine Finger hin zu einem leisen Trommeln. Aus dem heraus entwickelte ich mit ihm sukzessive einen Viererrhythmus, der eine stark erdende Energieform darstellt. Im Verlauf des Prozesses, innerhalb dessen er zum eigenständigen Spiel kam, wandelte sich der Tonus seiner Hände von der völlig erschlafften „Ohn-Macht" („Ich kann nicht. Ich bin nichts. Ich vermag nichts zu machen…") bis zur vollen Hand-lungsfähigkeit, verbunden mit dem Erkennen, daß er nicht ohnmächtig ist, sondern etwas machen kann. Aus der Regression in ein frühkindliches Reaktionsmuster gegenüber bestimmten Umweltbedingungen kehrte der Mann zurück ins Hier und Jetzt. Die Gruppe übernahm nach und nach den Rhythmus, variierte ihn. Melodieinstrumente stimmten ein. Es kam zu einer verschmelzenden Erfahrung auf der Gruppenebene. Die diesmal stark strukturierte Musik gab aber genügend stützende Form, um den jungen Mann gestärkt daraus hervorgehen zu lassen. Es stand ihm noch ein langer Weg bis zur Selbstfindung bevor, diese Krise aber, die durch entfesselte Musik aktualisiert worden war, konnte durch die ordnende Kraft musikalischer Elemente nach anfänglicher Hilfestellung mit eigenem Tun durchschritten werden.

Mit der Wirkung von Musik beschäftigt sich der Mensch seit eh und je, sei es, daß er sie zu magi-

schen Zwecken benutzt, veränderte Bewußtseinszustände zu erreichen trachtet, wissenschaftlich-experi-
mentell ihren Einfluß untersucht oder Musiktherapie im psychotherapeutischen oder heilpädagogi-
schen Bereich betreibt.

Die Zauberkräfte der Musik kommen in den Mythen und Märchen aller Kulturen vor, sind vielfach
alltäglicher Gebrauch. Am leichtesten kann der heutige weiße Europäer dies wohl bei der Liebeswerbung nachvollziehen. Bei den nordamerikanischen
Indianern ist es die hölzerne Längsflöte, mit deren
Tönen die jungen Männer ihre Geliebten verzau-
bern wollen. In Europa sang man gerne unter dem
Fenster der verehrten Frau. In jedem Fall nutzte
man die zauberische Wirkung der Musik, um sich
ein Wesen anderen Geschlechts geneigt zu machen.

Das Besingen von Pflanzen, um diesen Kraft zum
Wachstum zu geben, wurde im letzten Kapitel am
Beispiel der Navajo schon erwähnt. Auch die Tiere
werden mit Musik beeinflußt. Orpheus' Gesang soll
die wildesten Tiere beruhigt haben, die sich dann zu
seinen Füßen lagerten und ihm lauschten. (Übrigens
untersucht man heute wissenschaftlich die Wirkung
verschiedener Musikarten und Klänge auf Pflanzen
und Tiere.) Die eingangs zitierte Geschichte eines
Jagdzaubers ist kein Einzelfall – beim Naturmenschen gehört dies ebenso zum Alltag des Jägers wie
die Beeinflussung des Wetters für den Schamanen.

Solche Phänomene sind für uns weiße Zivilisierte
schwer nachvollziehbar, und wir sind geneigt, aus
kritischer Distanz unsere Denkmodelle über Geschehnisse zu stülpen, deren Erfahrung uns nicht
zugänglich ist. Peter Michael Hamel beschreibt folgende Begegnung mit einem indischen Sadhu, des-

sen Gesang ihn in einen außerordentlichen Zustand versetzte:

„Er schaute mich an, räusperte sich ein paarmal und hob zu singen an – langsam, tief, fast hauchend. Nun darf man nicht glauben, daß dieser Mann etwa ‚schön' gesungen hätte, vielmehr war seine Stimme etwas rauh und urtümlich. Aber es lag ein geheimnisvoller Unterton, eine nur fühlbare Schwingung darin. Zu meinem größten Erstaunen fühlte ich mich mehr und mehr wie von einem kühlen Wind umgeben. Das Schwitzen hörte auf, und ich wurde frisch. Es war mir jedoch, da ich alles bewußt wahrnahm, nicht möglich, irgendeine Luftbewegung festzustellen. Das kühle frische Gefühl ging irgendwie von innen aus. Während seines mächtigen und doch sehr zarten Gesangs schaute er mir fortwährend in die Augen, und seine Tambura klang so schön und vielfarbig, daß ich mich losließ und seinem Blick endlich standhalten konnte. Es schien, als öffnete sich die Hütte nach allen Seiten und als könnte ich in weite Räume blicken. Es strahlte mich ein leuchtendes Gesicht an, mit tiefen, ernsten, liebenden Augen, und bald hatte sich jegliches Zeitgefühl aufgelöst. Dieses Erlebnis, in psychedelischen Zuständen höchstens erahnt, war so stark, daß ich, den Umständen entsprechend müde und erschöpft, nicht gegen eine glückliche wohlige Müdigkeit ankonnte und einschlief."[22]

Die außerordentlich starke Wirkung von Musik hat schon immer Versuche veranlaßt, diese Wirkungen zu systematisieren. In Indien ordnet man beispielsweise den verschiedenen Ragas bestimmte psychische Zustände zu; es sind quasi musikalische Archetypen, die im indischen Hörer immer die gleiche oder ähnliche Wirkung auszulösen scheinen. Auch über die psychische Wirkung der antiken griechischen Skalen finden sich Aussagen von Zeitgenossen, die sich allerdings zum Teil erheblich widersprechen. Heute sind es vor allem anthroposophische Musiktherapeuten, die bestimmten Intervallen und Skalen bestimmte psychophysische Wirkungen zuordnen.

Die moderne musikpsychologische Forschung allerdings behauptet, daß das Setting, die Stimmung des Hörers, die Art und Weise der Repräsentation und so weiter einen stärkeren Einfluß habe als die Musik selbst.

In den Konsumgesellschaften sind wichtige „Wirkaufgaben" der Musik (Muzak genannt) die Hebung der Kauffreudigkeit in Werbung und akustischer Ladengestaltung sowie die Steigerung der Arbeitslust und -kraft. Ob möglicherweise schädliche Wirkungen von Dauerberieselung und synthetisch zusammengeschnittener Musik ausgehen, ist aber meines Wissens noch nicht untersucht worden.

Der Mythos vom Nök bezieht sich auf die entfesselnde Wirkung der Musik, die Befreiung, Transzendierung des Ich oder hier ungewollten Ich-Verlust bewirken kann. Der Mensch, dessen Persönlichkeitskern nicht stark genug ist, um stabil und mit sich selbst identisch zu sein, läuft Gefahr, in die Tiefen des Unbewußten gerissen, vom Unbewußten überschwemmt, aufgelöst, womöglich psychotisch zu werden. Hier wird Musik zur Bedrohung des Individuums, ihre Kräfte wirken zerstörerisch. In größeren Gruppen mit freier musikalischer Improvisation taucht immer wieder ein Grundkonflikt auf. Auf der einen Seite bietet das gemeinsame Schwingen die

Erfahrung von großer Nähe, nach der wir uns alle sehnen. Auf der anderen Seite ruft dies auch Ängste hervor. Man könnte sich verlieren in dieser Verschmelzung und hinterher den Schmerz der Trennung nicht aushalten. Diese Ängste sind nicht unberechtigt. Es stehen hinter ihnen frühkindliche leidvolle Erfahrungen mit der Ambivalenz gegenüber Symbiose und Individuation, dem lustvollen Einheitsgefühl mit der Mutter und dem menschlichen Weg, ein Individuum zu werden, was Abschied und Trennung von der Mutter, von den Eltern bedeutet. Verschmelzen beinhaltet eine Gefährdung der Individualität. Bei der Entfesselung von Kriegsstimmung wird dies bewußt eingesetzt. Die Individualität muß zurücktreten hinter den Befehl, bedingungslosem Gehorsam muß das eigene Wollen weichen. Mit Recht wittern also Menschen hier Gefahren.

Wer ein strukturell starkes Ich bilden konnte, wird sich dem Verschmelzen im gemeinsamen Tönen hingeben können und ohne Schaden, ja lebendiger, gestärkter daraus wieder als abgegrenzte Individualität hervorgehen. Wo aber das Ich aufgrund tiefer Störungen nur mit Mühe zusammengehalten werden kann, stellen solche Erfahrungen zunächst immer eine große Bedrohung dar, kann ein „Ausflippen", ein ungewünschter Kontrollverlust die Folge sein.

Musikalisches Verschmelzen kann aber natürlich auch sehr lustvoll sein. Jeder, der gerne mit anderen musiziert, weiß davon. Ob nach Noten oder improvisiert, ob Streichquartett oder freies Trommeln, gleichzeitig identisch mit sich und seinem Part *und* Teil eines größeren Ganzen, des Gesamtklanges der Gruppe zu sein, das ist ein wundervoller Zustand.

Entfesselnde, mitreißende Musik ist ja zunächst etwas Angenehmes; sie lädt zum Tanzen ein, zur *unio mystica* des Festes, wie sie Hermann Hesse in seinem „Steppenwolf" beschreibt:

„Aber heute, in dieser gesegneten Nacht, strahlte ich selbst, der Steppenwolf Harry, dies Lächeln, schwamm ich selbst in diesem tiefen, kindhaften, märchenhaften Glück, atmete ich selbst diesen süßen Traum und Rausch aus Gemeinschaft, Musik, Rhythmus, Wein und Geschlechtslust, dessen Lobpreis im Beibericht irgendeines Studenten ich einst zu oft mit Spott und armer Überlegenheit mit angehört hatte. Ich war nicht mehr ich, meine Persönlichkeit war aufgelöst im Festrausch wie Salz in Wasser ... Das Zeitgefühl war mir verlorengegangen, ich weiß nicht, wie viele Stunden oder Augenblicke dieses Rauschglück dauerte ... Es gab keine Gedanken mehr. Aufgelöst schwamm ich im trunkenen Tanzgewühl, von Düften, Tönen, Seufzern, Worten berührt, von fremden Augen begrüßt, befeuert, von fremden Gesichtern, Lippen, Wangen, Armen, Brüsten, Knien umgeben, von der Musik wie eine Welle im Takt hin und wieder geworfen."

Die Möglichkeit, über Musik in ekstatische Zustände, „außer sich" zu geraten, wird von Naturmenschen, Schamaninnen und Schamanen, psychohygienisch und spirituell genutzt. Im Kapitel über Musik und Ritual werde ich noch Näheres darüber berichten.

Doch auch Musik hat eben ihre Schattenseiten, sie kann für dunkle, unedle Ziele eingesetzt werden. Sie kann die Menschen negativ beeinflussen, sie verführen zu Kriegsbegeisterung und Konsum.

Den ekstatischen, erregenden, Energie freisetzenden Aspekt der Musik habe ich unter dem Oberbegriff „Entfesseln" subsumiert. Hier werden Kräfte frei, die im Ursprung chaotisch, wild, ungebändigt, gestaltfrei, schöpferisch sind.

Der Gott der Ekstase ist in der griechischen Mythologie „Dionysos", in Bocks- oder Stiergestalt Triebhaftigkeit und ungezähmte Lebenskraft symbolisierend. Der Rebzweig deutet auf seine Beziehung zum Rausch hin. Begleitet von Nymphen, Sirenen, Satyren und Mänaden (rasenden Frauen), tanzt er durch die Landschaft und veranstaltet Orgien. In Rom heißt der entsprechende Gott „Bacchus", und man feiert ihm zu Ehren ausschweifende Mysterienfeste, die Bacchanalien, die dem Menschen einen ritualisierten, also geordneten Raum boten, um sich seiner tierhaften, instinkthaften, triebhaften Seite zu überlassen und im Rausch die Fruchtbarkeitsmacht von Mutter Erde zu erfahren.

Nietzsches Begriff des „Dionysischen" schließt alle jene Inhalte ein, die im Laufe der letzten Jahrhunderte im Abendland mehr und mehr ungelebt, zum kollektiven Schatten wurden. Der Rausch, das Orgiastische, durch ekstatischen Tanz, Narkotika oder andere Methoden herbeigeführt, kommt der Sehnsucht nach Transzendenz und Einheit entgegen. Er versöhnt und vereinigt den Menschen mit dem Menschen und auch mit der entfremdeten, feindlichen und unterjochten Natur (Nietzsche schrieb dies 1871!). Dazu gehört auch das Natürliche überhaupt, das Körperliche, das Animalische und dessen wohl wichtigste Ausdrucksform: die Erotik; und all das umfassend und durchdringend, Ich-Auflösung, Selbstvergessenheit, Rausch und Ekstase von Tanz und Liebe: der Tod.

Die arationalen Seelenkräfte haben alle etwas mit der Aufgabe der Kontrolle, mit Hingabe, Sich-Überlassen, Sich-Anheimgeben, Dem-Fluß-des-Lebens-Vertrauen, Es-geschehen-Lassen zu tun. Mit einem Wort: Man kann es nicht leisten, und das ist für viele Menschen heute ein Problem. Peter Haerlin beschreibt dies so:

„Leistungsmenschen sind erfolgreich, tatkräftig und durchsetzungsfähig. Aber ihr Leben ist oft ein Kampf gegen tiefsitzende Ängste: vor der Niederlage, dem Verlust, der Abhängigkeit, dem Tod. Was ihnen fehlt, ist die Lebensform der Teilhabe, das Geheimnis der Mühelosigkeit... Das Leben ist für sie wie ein störrisches Pferd, das angestrengt kontrolliert werden muß. Der Teilhabe-Mensch aber weiß sich getragen. Seine Aktivität ist nicht erzwungen, sondern fließt wie von selbst."[23]

Auch der bekannte englische Psychiater Ronald D. Laing äußert sich zu diesem Thema:

„Unsere Zivilisation unterdrückt nicht nur die Sexualität, sondern jede Form der Transzendenz... Deshalb möchte ich betonen, daß unser ‚normaler‘, ‚angepaßter‘ Zustand zu oft der Verzicht auf Ekstase ist, Verrat an unseren wahren Möglichkeiten."[24]

Dies wird sich der Mensch allerdings auf die Dauer nicht bieten lassen. In den letzten zwanzig Jahren ist das Interesse an diesen unterdrückten Möglichkeiten enorm gestiegen. Und die Botschaften der Musik haben daran nicht unwesentlichen Anteil.

Auf der einen Seite gibt es heute neue ekstatische Musik, Jazz und Rock, und die Wiederentdeckung des Rhythmus in außereuropäischen Kulturen, auf der anderen Seite neue, repetitive („Minimal"-)Musik und neue meditative Musik.

Doch nun zu dem anderen Aspekt musikalischer Wandlungskraft. Das „Ordnen", die bewegte kosmische Gestalt, das Apollinische, ist die ergänzende Kraft, die von den Chinesen, von Pythagoras und seinen harmonikalen Nachfolgern beschrieben wird. Harmonikal darf man nicht mißverstehen als harmonisch im Sinne der von Europa ausgegangenen Musikkultur. Es bezieht sich eher auf die Struktur der Obertöne (englisch „harmonics"), die ganzzahlige Ordnung, die jedem einzelnen Ton innewohnt. Immer wenn ich einen Ton spiele, schwingt zugleich ein Spektrum von natürlicherweise mitresonierenden Ober- oder Naturtönen – jeder Ton ist eigentlich ein Klang. Spiele ich auf dem Klavier beispielsweise ein „C", so ist dies lediglich die Tonbezeichnung für den tiefsten Ton des Klangspektrums, welches nun, sich auf dem „C" aufbauend, in einem Muster erklingt, das sich wie zu Zeiten des Pythagoras nur am Monochord veranschaulichen läßt. Der tiefste Ton wäre da eine freischwingende Saite, der zweite diese Saite mittels eines Steges durch zwei geteilt (ergibt das Intervall der Oktave), der dritte entspräche der Schwingungsfrequenz eines Drittels der ganzen Saite (Quinte), der vierte einem Viertel (Quarte) und so weiter in der Reihenfolge der ganzen oder natürlichen Zahlen. Dies ist genauso beachtlich wie die Tatsache, daß der einzelne Ton bereits alle Intervalle, und zwar in der Reihenfolge ihres Konsonanzgrades, enthält. Konsonanz bedeutet, daß zwei oder mehr Töne kon-sonieren, miteinander schwingen, eine entsprechende seelische Empfindung auslösen. Je weiter wir uns aber (hier zahlenmäßig) von der Eins fortentwickeln, desto dissonanter erklingen die Intervalle innerhalb der Obertonstruktur. Solche Intervalle bewirken Reibung, Spannung, was in der Einheit und Ganzheit des Einzeltones die seelische Befindlichkeit des Hörers allerdings nicht weiter stört. Die Dissonanz ist aber im Einzelton als ganzheitlichem Phänomen enthalten – dessen sollte man sich bewußt sein. Diese Symbolik wird später noch bedeutsam sein.

Die harmonikale Grundstruktur der Musik ließ sie vielen Philosophen als Ausdruck von Wohlgeordnetheit erscheinen, unabhängig von verschiedenen kulturellen Ausprägungen. Der Mythos von der „Sphärenharmonie" spricht dieses Lebensgefühl oder Bewußtsein aus, in einer Schöpfung aus wohlgeordneten Schwingungen mitzuvibrieren. In der harmonikalen Forschung wird dies auch wissenschaftlich untersucht und beschrieben.[25]

So liegt der Gedanke auch nicht fern, heilende Kraft in der Musik zu vermuten. Novalis definierte jede Krankheit als ein musikalisches Problem, quasi eine Ungestimmtheit oder Verstimmung (in der „Magen-Verstimmung" klingt dies noch an), die mit den „stimmenden", „ordnenden", „harmonisierenden" Kräften der Musik zu behandeln sei. Hier kann der Gedanke einer „Musikpharmakologie" auf den ersten Blick verlockend sein: Musikalische Antidepressiva, klangliches Valium oder auch antriebssteigernde Rhythmik – aber (vorausgesetzt, es funktioniert) da sind wir natürlich im gleichen Dilemma wie bei den chemischen Psychopharmaka, die umstimmende Wirkungen haben. Diese Drogen können dazu dienen, extreme psychische Eskalationen auszugleichen und dem Patienten Ruhe, Besinnung, Gespräch, Psychotherapie zu ermöglichen. Problematisch scheint mir aber auch hier das „l' art pour l'art", die Droge selbst als Therapie ohne Mitwirkung des Patienten. Dies entspricht nicht meinem Menschenbild und meinem Verständnis von Sinn und Bedeutung der Krankheit. Den Krisen im Reifungsprozeß müssen wir uns stellen – irgendwann. Mit Musik können wir vorübergehend der Wirklichkeit entfliehen. Diese opiatische Wirkung ist aber auch einer ihrer Schattenaspekte, wenn damit Mißbrauch getrieben wird. Das ist letztlich wie bei jeder Droge auch eine Frage der Dosierung.

Wenn man therapeutisch mit Musik arbeitet, sollte man immer wieder das Gespräch anbieten, damit auch die negativen Erfahrungen (zum Beispiel Probleme, sich dem Klang hinzugeben, oder beängstigende Bilder und Gefühle, die auftauchen) wahrgenommen und bearbeitet werden, sonst könnte das Ganze leicht als Fluchtweg in die Verdrängung benutzt werden. Die heute mehr psychotherapeutisch orientierte Musiktherapie bietet den stimmungsadäquaten freien musikalischen Ausdruck an – der Weg, der Prozeß beginnt da, wo einer steht. So kann die Ungestimmtheit stimmiger sein als eine Zurechtgestimmtheit, die nicht der psychischen Verfassung entspricht.

An einer musiktherapeutischen Selbsterfahrungsgruppe nahm eine Frau mittleren Alters teil, die den Eindruck machte, stets ausgeglichen, hilfsbereit, selbstsicher, freundlich und zugewandt zu sein. Gleichzeitig fiel mir an ihr eine tiefe, unerfüllte Sehnsucht auf. In einer bestimmten Phase des Gruppenprozesses entstand das Thema „Maske". Ich bot an, jeder Teilnehmer solle versuchen, mit einem oder mehreren Instrumenten seine typische Maske für die anderen klanglich zu skizzieren. Die-

ses Thema machte sie zum ersten Mal wirklich betroffen. Sie hatte lauter „edle" Klänge (Glocke, Harfe...) um sich versammelt und pfiff uns noch ein
fröhliches Liedchen, wobei ihr sichtlich alles andere
als wohl war. Im anschließenden Gespräch war sie
schweigsam und starrte vor sich hin. Sie ging sehr
unzufrieden und tief betroffen fort. Die „Übersteige-
rung" ihrer üblichen Verhaltensweise bis zu einer
Art Persiflage aktivierte nun die andere Seite – wo
vorher Sonne war, war nun Schatten. Am nächsten
Morgen sah sie schlecht aus. Auf mein Angebot, Un-
erledigtes vom Vortag zu erledigen, meldete sie sich
sofort. Sie klang vorwurfsvoll, als sei sie abends
nicht genügend beachtet worden in ihrer Betroffen-
heit. Sie fühle sich sehr schlecht, wisse aber gar
nicht, warum, sie sei aktuell nicht besonders bela-
stet, und es gebe gar keinen Anlaß dazu. Ich bot ihr
an, einen Moment zu schweigen und nur zu spüren,
wie sich ihr Inneres gerade anfühle; das, was sie da
spüre, brauche sie nicht zu benennen, sondern könne dem einen spontanen Ausdruck mit der Stimme
oder einem Instrument geben. Während sie vorher
immer bereitwillig auf alle Angebote „eingegangen"
war, ging nun erst mal gar nichts. Sie sei gehemmt
und blockiert. Ich versicherte sie der musikalischen
Unterstützung seitens der Gruppe und mir. Nach einem Moment des Zögerns sprang sie auf, holte sich
Pauke und Gong und steigerte sich zunehmend in
ein Hämmern, Schlagen und Eindreschen hinein.
Sie veranstaltete einen Lärm bis zur Schmerzgren-
ze. Sie war brutal, unsozial, rücksichtslos. Haß und
Wut brachen aus ihr heraus. Danach warf sie sich
schluchzend auf den Boden. Ich ging zu ihr, legte
meine Hand auf ihren Rücken und bestärkte sie im

Annehmen der Situation. Alles, was sie jetzt fühle, sei völlig in Ordnung. Als ich sie nach einer Weile ermutigte, auszusprechen, was sie fühle, schrie sie: „Ich bin so allein!" Ich lud alle Gruppenmitglieder ein – jeder nach seinem Gefühl von Nähe und Distanz zu dieser Frau –, die Hände auf ihren Körper zu legen, und lange summten wir improvisierend ein Lied. Danach schaute sie ernsthaft in die Runde und sagte: „Es hat mir gutgetan, eure Nähe, euer Beistand. Ich weiß ein wenig mehr darüber, was mir fehlt, was ich dringend brauche. Ich fühle mich schlecht, aber es stimmt mehr, ist wahrer und darum besser."

Musiktherapeuten machen immer wieder die Erfahrung, wie sich die psychische Gestimmtheit eines Menschen wandeln kann im Spiel, im schöpferischen Ausdruck. Einerseits kann eine tiefe Traurigkeit bewußt werden, wo vorher oberflächliche Scheinfröhlichkeit an den Tag gelegt wurde – die Trauer wird dann als angenehmer erlebt als die sich und anderen vorgespielte gute Laune, eben stimmiger. Andererseits kann der Ausdruck der empfundenen Trauer auch bewirken, daß diese ausgelebt wird und dann Raum für andere Gefühle da ist. Dieses Wandeln durch Handeln in der aktiven Musiktherapie ist die gleiche Kraft, aus welcher der Künstler, der Kreative schöpft, für den der Schöpfungsprozeß ja auch ein Weg zur Selbstverwirklichung ist, er sucht mit sich selbst Ein-Klang. Hier geht es um eine Gesundung über die pathologische Auffälligkeit hinaus. Es ist aufschlußreich, daß in Ge-sund-heit das englische Wort „sound" = „Klang" steckt.

C. G. Jung bezeichnet den Individuationsweg als einen Ordnungsprozeß zum Selbst hin, dessen Krönung auf der visuellen Ebene das Mandala als Symbol geordneter Ganzheit ist – doch davon mehr im letzten Kapitel.

Die ordnende Kraft findet ihre griechische Personifikation in Apollon, den wir schon als vom Patriarchat ernannten „Führer der Musen" kennen. Die beiden ihm zugeordneten Kernsätze waren „Erkenne dich selbst!" (das Orakel zu Delphi unterstand ihm) und „Nichts im Übermaß!", womit wir beim Thema Mäßigung, Ordnung, Zähmung der ungezügelten Leidenschaften wären.

Die Fähigkeit, sein Maß zu finden, ist gerade dem zivilisierten Weißen abhanden gekommen. In den Massengesellschaften wird maßlos konsumiert, wofür man die Natur maßlos ausbeuten und zerstören muß; es wird maßlos aufgerüstet; Krebs als maßloses Zellwuchern und die zunehmende Zahl der Eßstörungen sind pathologischer Ausdruck eines gestörten Verhältnisses zum Maß.

Das Maß ist aber nicht in der einseitigen Verwirklichung des Apollinischen und der Verdrängung des Dionysischen zu suchen. Unterdrückt man letztere Seite in sich, dann verschwindet sie ja nicht, sondern wird unbewußt, minderwertig, dämonisiert, verteufelt und damit bedrohlicher, als wenn ich sie in angemessener Weise mitleben lasse. Ein Hund, den ich im Keller einsperre, wird böse und gefährlich. Lasse ich ihn am Leben teilhaben, kann mir dasselbe Tier zum guten Freund und Beschützer werden. So ist kein Teil von mir an sich schlecht, wenn er in rechter Dosierung zur rechten Zeit am rechten Ort ist.

Die Durchdringung von Dionysischem und Apollinischem wird in Asien in den Ritualen des Tantrismus geübt. Seine Anhänger wollen Freude, Vision und Ekstase kultivieren. Meditation, extreme Gefühlserregung, ästhetische Erfahrungen, Sex, Drogen, magische und soziale Handlungsweisen, alles, was mit sinnlicher und emotioneller Energie geladen ist, dient als Gefährt, das der Erleuchtung näher bringt.

Unsere germanischen Vorfahren haben diesen archetypischen Konflikt des Menschen mythologisch verarbeitet. In der Edda heißt es:

Des Wanen Wahn
aß der Ase,
als er gebar
das wahre Wort.

Die beiden Göttergeschlechter, die Wanen und die Asen, bekämpfen sich zunächst und vereinigen sich dann zu einer Symbiose. Die Wanen symbolisieren Energien einer tiefen erdhaften Schicht, in der Naturmagie, „Wan-Sinn" und „Seidr" (germanisch: Zauber) vorherrschen; sie haben mit Sex, Drogen, Ekstase zu tun. Die Asen sind luftiger und stehen für die Geisteskraft. Sie „essen" den Zauber-Wahn, und weil sie ich-stärker sind als die Wanen, können die unteren Energien nach oben transformiert, gewandelt werden – dadurch entsteht die Wort-Magie, die Magie der Sprache. Dies ist die Geburt der Runen, die intoniert werden. Im Intonieren sind Körper, Seele und Geist voneinander durchdrungen. Der Ton, mit dem Körper erzeugt, ist geistige Form für seelischen Inhalt, Sprache vor der Abstraktion, vor der Trennung von Klang und Begriff.[26]

So ist Musik ursprünglich genausowenig von Sprache zu trennen wie von Tanz, Ritual und Alltag des Menschen überhaupt. Ob wir durch den Klang unserer Stimme oder anderer Instrumente erregen wollen, entfesseln oder beruhigen, einschläfern oder etwas in Ordnung bringen – immer nutzen wir ihre zauberischen Wandlungskräfte.

Die Trommel ruft –
Symbolik und Bedeutung der Instrumente

Diese Schellentrommel ist aus der Haut eines Schafs gemacht. Gestern fraß es noch Gras, und heute musiziert es wie rasend.

Spruch aus Galizien[27]

Ein Mann geht mit einem Mädchen über Land. Während sie aus dem Bache trinkt, bricht er der Niedergebeugten das Genick. Da wird sie zum Musikbogen, der Kopf zum Schallkörper, das Rückgrat zum Stock und die Glieder zu Saiten.

Märchen der ostafrikanischen Wahehe[28]

Ein Knabe saß da und wünschte, er könnte aus einem Stück Schilfrohr Musik machen. Da kam die oberste Gottheit vorbei, wie ein Wanderer verkleidet. Der Knabe gab der Gottheit Hirschfleisch, und diese zeigte ihm, wie man aus Schilfrohr eine Flöte macht und die Löcher mit spitzen Stücken heißen Holzes einbrennt. Die Flöte hatte vier Löcher oben und eins unten. Später kam die Gottheit wieder vorbei, und der Knabe hatte die Flöte gemacht, wußte aber nicht, wie darauf zu spielen sei. Da zeigte ihm die Gottheit, wie man Musik darauf mache.

Mythos der Chitimacha-Indianer[29]

Mittelalterliche Bewußtseins- und Zeitgeschichte läßt sich nicht verstehen und werten, wenn man nicht den Mut hat, die noch immer gültige Bildersprache des Menschen ernst zu nehmen. Die Buchmalereien etwa des 9. oder 11. Jahrhunderts zeigen mit Selbstverständlichkeit die trauernde Seele des 42. Psalm auf dem Glasberg sitzend und den um Klärung ringenden Geist Zither spielend davor.

Ortrud Stumpfe[30]

Der mythische Herrscher Shun schuf die fünfsaitige Qin, sang und spielte „Des Südwinds Lied", ordnete so die Welt.

Mythischer Bericht über die Entstehung der Qin[31]

Die unterschiedlichen Musikinstrumente drükken die vielfältigen Erscheinungsformen des Klanges aus. Die Mythen beziehen sich oft konkret auf die Instrumente als Erzeuger und Träger des Klanges an sich oder spezifischer Klangfarben und deren psychischen Qualitäten und Symbolik. Während Klang als Abstraktum die geistige Geordnetheit der Welt bedeutet und sich in der Naturtonreihe als Struktur des einzelnen Tones manifestiert, sind in den Betont- und Unbetontheiten eben dieser Teiltöne die verschiedenen Aspekte des Einen ausgedrückt. Die Abweichung vom Einen bewirkt die Polarisierung in die verschiedenen Gefühlsqualitäten, deren klanglicher Ausdruck die Klangfarbe, konkret das Instrument ist.

Eine Form der zwischenmenschlichen Kommunikation ist das gemeinsame Musizieren, das Spielen mit Tönen zu zweit oder in der Gruppe. Das ursprüngliche Singen, Klatschen, Stampfen, also die Verwendung des eigenen Körpers als Instrument, wurde ergänzt durch die Erfindung von Werkzeugen, mit denen man das Klangspektrum erweitern konnte. Man kann Musikinstrumente als eine Erweiterung der menschlichen Organe auffassen. Der Musikbogen, bei dem ursprünglich die Sehne des Schießbogens zwischen die Zähne genommen wurde, so daß der Kopf als Resonanzkörper diente, wäre beispielsweise eine Erweiterung des Stimmbandes. Die menschliche Stimme wird mittels der Instrumente verstärkt und verfremdet, die Laute der Natur werden nachgeahmt. Die Verfremdung, „Maskierung" der Stimme war schon immer kennzeichnend für die Gesänge der Schamanen, die damit ein verändertes Bewußtsein herbeiführten und ausdrückten, so wie auch Masken von Geistern, Dämonen oder Tieren im Zusammenwirken mit Rhythmus und Bewegung eingesetzt wurden. Ähnliche Effekte versucht man heute mit Hilfe modernster Klangtechnologie.

Instrumente hatten manchmal auch sehr pragmatische Funktionen bei der Kommunikation auf der zwischenmenschlichen Ebene. Mit einem Horn konnte man weithin Signale geben und, wenn man sich einen bestimmten Code ausdachte – etwa in der Art des Morsealphabets –, konnte man sich weithin verständigen. Die Trommelsprachen der Afrikaner als „Buschtelefon" sind uns geläufig; auch im polynesischen Raum gab es hochentwickelte Instrumentalsprachen auf Zungentrommeln.

Die Mythen betonen nun mehr den Aspekt der Musik als Kommunikation mit dem Jenseitigen sowie den außermenschlichen, numinosen oder göttlichen Ursprung solcher „Klangwerkzeuge". Sie stellen materielle Manifestationen oder Medien für die Musik des Kosmos dar, dessen natürliche Harmonie durch sie im Hörbereich des Menschen ertönt, ebenso wie die Stimmen mythischer Wesen, Ahnen, Geister, Götter.

Zu den ersten Instrumenten, die man gefunden hat, gehören Pfeifen und Flöten aus Tierknochen, die noch heute als „singende Knochen" durch unsere Märchenwelt geistern. Auch auf den Hörnern von Tieren wurde geblasen, auf ihren Fellen getrommelt Dabei kann ich gut nachempfinden, wie im Erleben dieser Menschen der Klang als die Stimme des toten Tieres erschien.

„Die Stimme des Instruments ist die schöpferische Tat beziehungsweise das ‚Wort' des Wesens, das sein Leben für den Bau des Klangerzeugers hergab. Während der singende (lebende) Mensch das Opfer an sich selbst vollzieht, ist das Instrument ein bereits geopfertes Wesen, das heißt ein singender Toter in Händen des Menschen."[32]

Unsere Vorfahren erfuhren die Welt wohl sehr anders als wir mit unseren rational-logisch-erklärenden Definitionen – und wie erst den Klang, den auch wir Heutigen schwerlich verbalisieren, geschweige denn erklären können. Klang war mächtige Magie und die Musikinstrumente dementsprechend Kultinstrumente.

Das *Schwirrholz* ist ein typisches Beispiel, welches bei Naturvölkern in allen Teilen der Welt zur Vergegenwärtigung jenseitiger Wesen benutzt wird, deren Stimme darin erscholl. Es handelt sich um ein flaches, längliches Holzbrettchen, welches an einer Schnur befestigt ist. Es wird um den Kopf gewirbelt, wobei es sich zusätzlich um die eigene Achse dreht, und dabei entsteht ein Summton. In manchen Kulturen war dieses, bei uns gelegentlich noch als Kinderspielzeug zu findende Instrument zentrales Kultobjekt, welches an geheimen Orten aufbewahrt wurde und außerhalb seiner sakralen Funktion tabu war.

Schwirrholz von Neuguinea

Ähnliches gilt für die *Maultrommel,* die vor allem in Sibirien und Zentralasien verbreitet ist. Sie ist ein Instrument des Schamanen und wird bei einigen Stämmen zum Herbeirufen der Geister benutzt. Bei der Maultrommel wird die Mundhöhle als Resonanzraum benutzt, und sie läßt sich auch als „maskierte menschliche Stimme" interpretieren.

Beim *Musikbogen* wird ursprünglich die Sehne des Schießbogens zwischen die Zähne genommen, später verwendet man dann Kürbisse oder ähnliche

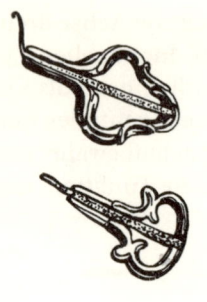
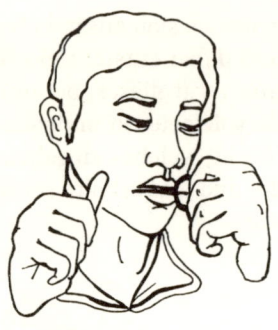

Maultrommeln, wie sie auf Hawaii und in der Sowjetunion gebräuchlich sind

Der Spieler hält den Rahmen des Instruments zwischen seinen Zähnen und zupft die Zunge mit seinem Finger

Hohlräume als Klangkörper. Der Musikbogen ist Urtyp des Saiteninstrumentes und sicher für den Jagdzauber ein zentrales Kultgerät. Der griechische Gott Apoll war Gott der Musik und Bogenschütze. Altsibirische Schamanen schossen mit ihren Musikbögen auf Geister.

Musikbogen von Hawaii

Sibirische Schamanin mit ihrer Trommel

Die klassischen Instrumente der Schamanen sind Rassel und Trommel. Die *Rassel* ist ein frühes, oft das erste Instrument des Menschen – ein echtes Faszinosum für das Kleinstkind. Sie weist ein breites Klangspektrum auf, je nach Material. Da kann zunächst einmal die Hülle aus Holz, Kürbis, getrockneten Pflanzenstengeln, Flechtwerk, Ton, Metall und vielem mehr sein, und die Möglichkeiten der Füllung reichen von feinem Sand über Körner, Edelsteinsplitter bis hin zu Perlen oder groben Steinen – der Phantasie sind kaum Grenzen gesetzt. So kann man natürlich aus dem Verfertigen einer Rassel ein

Ritual machen, zu dem man verschiedenste Materialien mit symbolischen Bedeutungen benutzen kann.

Die Trance induzierende Wirkung der Rassel ist ungeheuer. Nicht nur die Klangfarben, sondern auch die Spielmöglichkeiten und rhythmischen Finessen werden bei diesem „primitiven" Instrument heute leicht unterschätzt.

Rasseln, wie sie in Amerika und Afrika gebräuchlich sind

Die *Trommel* wird als Pferd, Boot, Wagen oder Schlitten des Schamanen bezeichnet, mit dem er in andere Welten oder Bewußtseinszustände reist. Meist hat sie die Form einer runden oder ovalen Rahmentrommel, welche ein Abbild der ganzen Welt ist, die der Schamane zum Schwingen und Klingen bringt. Der Klang der Trommel, entsprechend gespielt, erinnert sehr an den Herzschlag der Mutter, den wir im Mutterleib als erste verläßliche Ordnung der Welt erfahren. Im Ritual hilft er, auf einer anderen Ebene dieses intrauterine Einssein mit der Welt wieder zu erleben. Darum steht die Trommel bei vielen Naturvölkern im Zentrum des Kultes. Die rituelle Herstellung der Schamanentrommel wird in dem Film „Schamanen im blinden Land" gezeigt und im gleichnamigen Buch wie folgt beschrieben:

„Fünf Monate nach Versiegelung der Hilfsgeister ist ein anderes wichtiges Ereignis für den angehenden Schamanen: die Herstellung seiner Trommel. Der Rahmen wird aus einem Eichenbaum geschnitten, dessen Standort der Ahnengeist dem Novizen im Traume mitgeteilt hat. Nun sind neun Gehülfen und Schamanen mit ihm ins Gebirge gezogen, um die Arbeit zu vollenden. Mit Weihrauch und Getreidekörnern für die Hilfsgeister animiert Beth Bahadur den Novizen und den magischen Stock, der ihn zum bezeichneten Baume führen wird. Sobald sich der Ahn des Novizen bemächtigt hat, stürzt dieser zu einer Quelle, in deren Spiegelung die frühere Vision über den genauen Ort des Baums bestätigt wird. Dies ist der einzig aktive Part, den der Novize bei der Herstellung des Trommelrahmens spielt. Alle manuellen Arbeiten vollziehen die Gehülfen. Nachdem er die Stimme des Quellgottes vernommen hat, begibt sich der Novize, in voller Trance, auf die Suche nach seinem Baum. An der vorbestimmten Eiche angekommen, legt er sich zum Beweis dafür, daß es die richtige ist, wie zum Schlafe nieder. Nun wird der Trommelrahmen mit Getreidekörnern eingesegnet und durch die Axtschläge der Gehülfen gefällt. Der Abtransport des gefällten Baums zur Quelle vollzieht sich streng nach mythologischem Muster: Er muß von den Gehülfen ‚geritten' werden, um ihn so vor möglichen Attacken der Hexen abzu-

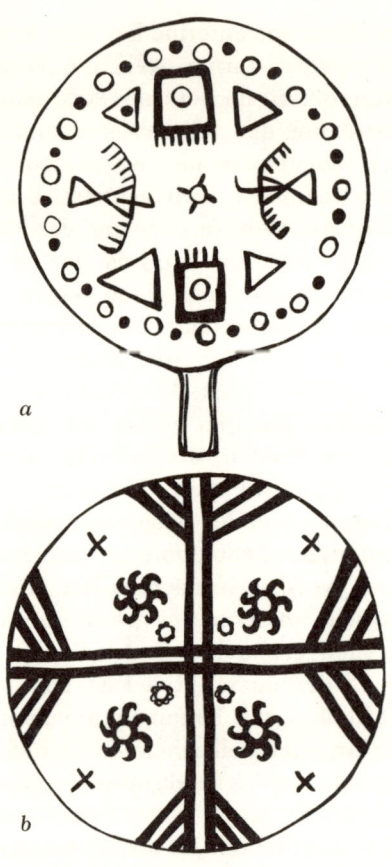

a

b

Magische Symbole auf dem Fell von Schamanentrommeln

schirmen. Der gespaltene Baumstamm wird zu zwei
gleichen Latten zurechtgestutzt. Aus einer entsteht
der Rahmen, die zweite wird in Reserve gehalten,
falls die erste bricht. An neun vorgeschriebenen Hal-
teplätzen wird die Feinarbeit vorangetrieben.

Noch immer ein paar Stunden vom Dorfe entfernt, hebt Beth Bahadur am neunten und letzten der Halteplätze ein kreisrundes Loch in der Erde aus. Hier wird die Latte zum herzförmigen Rahmen gebogen. Um sie für die Beugung elastisch zu machen, erhitzt der Schamane Tul Bahadur die Latte über der Glut eines Feuers. Auf den in die Erde eingelassenen Trommelrahmen träufelt ein Gehülfe zu Ehren des Erdgotts das Blut eines Opferkükens. Ein Geldschein wird hinzugefügt.

,Im Hause der Reichen wird dieser Rahmen
schöne, fette Opferschafe bringen.'
,Du wirst vorzügliche Dienste leisten,
Reichtum und Gesundheit bringen, Trommel.'

Gegen Abend erreichen die Trommelschneider den Dorfrand. Getreu nach Vorbild des Ersten Schamanen rollen sie die halbfertige Trommel zu einem zweiten Erdloch, in das sie der Oberschamane persönlich für eine Nacht eingräbt, damit sie sich sogleich an ihre künftigen Unterweltreisen gewöhne."[33]
Während heute auf der einen Seite das elektronische Schlagzeug und die Rhythmusmaschine in den Medien triumphieren, treffen sich auf der anderen Seite wieder Leute in Gruppen zusammen, um selber Instrumente zu bauen. Das Selbermachen ist heute der springende Punkt, um die Entfremdung zwischen Natur und Kultur zu überbrücken: Aus dem Kontakt mit Holz und Fell, der besonderen Beziehung, die daraus zum Instrument erwächst, indem es nicht nur als (fertiges) Produkt, sondern auch als Prozeß erfahren wird, erwächst auch eine andere Beziehung zum Klang. Ich „muß" es auspro-

bieren, damit experimentieren – und schon entstehen aus mir heraus Klänge, Melodien, Rhythmen. Es gibt natürlich die Möglichkeit, nun melodische und rhythmische Strukturen verschiedenster Kulturen zu studieren, einzuüben und zu spielen. Ich kann es aber auch genausogut aus mir selbst fließen lassen, indem ich mich öffne für diese archetypischen Strukturen, die im Unbewußten darauf warten, daß ich sie entdecke.

Eines haben fast alle bisher genannten Instrumente gemeinsam: sie sind mono-chrom (von griechisch „chroma" = Farbe). Dies kennzeichnet viele urtümliche Kultinstrumente, zu denen man noch Becken, Gongs, Klangschalen, Zimbeln und Glocken zählt, deren Symbolik hier nicht im einzelnen behandelt werden kann.

Gemeinsam mit einigen Kollegen entwickelten wir Methoden der rezeptiven Musiktherapie mit monotonalen, monochromen Instrumenten wie Monochord, Klangschale und Gong. Dabei kann man zwar nicht von „Wirkungen" im monokausalen Sinne sprechen, aber wir stießen auf bestimmte archetypische Themenkomplexe, die durch die spezifischen Klangstrukturen dieser Instrumente angeregt werden.

Wo mit mehreren verschiedentönigen oder einem mehrtönigen Instrument das polytonale Spiel beginnt, hat dieses zunächst repetitiven Charakter. In gewisser Weise erscheint vielen westlichen Hörern solche Musik dann noch immer „ein-tönig", weil sie nicht darauf vorbereitet sind, sich auf das fließende Bewußtsein, den Teilhabe-Zustand der Trance[35] einzulassen und einzuschwingen. Das Fließ-Bewußtsein bringt uns wieder zu der überlieferten Analogie von Klang und Wasser. Dazu schreibt Werner Dankkert:

„Unsere Sinnbilder und Mythen führen uns in unmittelbare Nähe frühmenschlicher Bewußtseinslagen. Das Tönende ist selbst vorweltliche, gestaltungsflüssige, lebenshaltige Ursphäre. Daß mythisches Tonwerden so oft in Wassernähe sich vollzieht, ist nur so zu deuten. Dieses Wasser ist nicht bloß ‚Wasser des Lebens‘, wie im Märchen, sondern mythisches Urgewässer schlechthin: Element der Elemente, Abgrundtiefe, schöpferisches Chaos, Urnacht, primordiales Fruchtwasser. Ebenso aber auch Totengewässer. Wer in Grönland an einem Flusse schläft, hört die Toten singen.“[36]

Diese Analogie von Klang und Wasser wurde in den Ritualen auch ganz konkret, etwa zum Regenmachen, angewendet. Das Schwirrholz diente dazu, Gewitterregen herbeizuholen, und auch Trommeln wurden für die Regenbeschwörung benutzt, teilweise mit den Häuten von Fischen, Echsen oder Schlangen bespannt, also weiblich-lunaren Wassertieren.

Weiblich ist auch das, was Marius Schneider die „dunkle Traumhöhle“ des Musikinstrumentes nennt. Es ist der Resonanzraum, der im Singen der Körperraum des Menschen ist, oder die Mundhöhle wie beim Musikbogen und der Maultrommel. Bei der großen Trommel etwa wird der Höhlencharakter ganz deutlich – man stecke mal seinen Kopf hinein. Der Klang wird aus der Höhle geboren, was wiederum eine Analogie zum Uterus darstellt. Solche Erfahrungen von Fließbewußtsein und Trance gelangen über bestimmte musiktherapeutische Methoden in Selbsterfahrung und Psychotherapie wieder zu uns, nachdem sie lange verschüttet, verpönt waren. Dabei werden die alten Kultinstrumente wiederentdeckt und verwendet.

Aus dem archaischen Monotonalen entwickelte sich ein polytonales Spielen mit Tönen, das sich kulturspezifisch differenzierte und verfeinerte. Aus dem Musikbogen wurden Harfe, Koto, Hackbrett, Geige, Sitar und wie die Saiteninstrumente alle heißen; schließlich und endlich stammt auch der Konzertflügel davon ab. Aus den Knochenpfeifen und Hörnern entwickelten sich die Blasinstrumente wie Oboe, Trompete, Blockflöte, Schalmei und Tuba, die auch wieder ganz verschiedene Klangfarben hervorbringen.

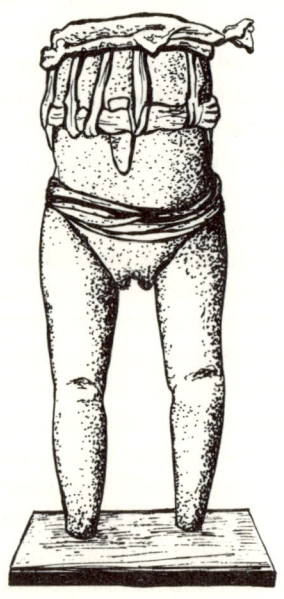

Trommel von Hawaii

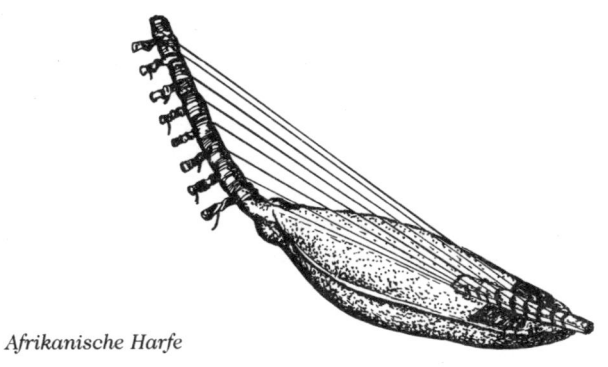

Afrikanische Harfe

Die Klangfarbe hat, wie gesagt, mit der instrumenten-spezifischen Struktur der Obertonreihe zu tun. Sie wird nur wirklich zum Erlebnis, wenn der Hörer sich auf diesen Aspekt des Musikalischen einstellen kann. Das geht am besten bei einstimmiger, modaler Musik oder gar monotonalem, monochromem Klangerleben. Erst wenn der Hörer nicht mehr einer Melodie folgen muß, sondern sich rein auf das Erlebnis der Klangfarbe einstellen kann, kann diese spezifisch auf ihn wirken, die inneren Klangfarbenräume im Menschen zum Schwingen bringen. Peter Michael Hamel meint:

„Durch die Klangfarbe gelangt eine in der Gegenwart entstehende Musik wieder zu Fähigkeiten, die den außereuropäischen Kulturen immer schon vertraut war: durch andauernde Gesänge, periodische Rhythmen und melodische Urformen eine Begegnung mit dem kollektiven Unbewußten auszulösen und spirituell zu wirken."[37]

Aufgrund des Klangfarbencharakters werden Instrumente seit jeher bestimmten Typologien und

Symboliken zugeordnet. Erinnern wir uns noch einmal an die Kräfte der Musik, die wir im letzten Kapitel als apollinisch und dionysisch bezeichneten.
Griechen ordneten den Aulos, eine antike Flötenart,
dem Dionysos zu. Auch Pan spielte auf der Syrinx,
der Rohrpfeife, und in Indien ist die Muscheltrom-
pete dem Shiva zugeordnet, dem Tänzer der Welt,
der durchaus mit dem griechischen Dionysos vergleichbar ist. Dies hat vermutlich etwas mit dem
Blasen zu tun, welches ja forciertes Atmen erfor-
dert, eine alte Trancetechnik. Man ahnt es, wenn
man Trompetern oder Saxophonisten im Jazz zu-
schaut, daß dieses ekstatische Blasen etwas zutiefst
Sinnlich-Lustvolles ist, ein Zustand jedenfalls, der
den Einsatz lohnt. Bei den Dionysos-Kulten mit ihrem orgiastischen Charakter wurden ferner Instrumente wie Handtrommel, Becken, Zymbeln, Klap-

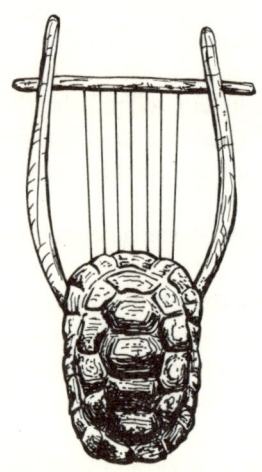

Alte griechische Leier

pern und ähnliches verwendet, Instrumente, die geeignet waren, die angestrebte Ekstase auszulösen.

Das Instrument des Apollon dagegen ist die Leier, die Lyra, welche bezeichnenderweise von Pythagoras bevorzugt wurde. Hier ist nicht die entfesselnde, enthemmende, ekstatische Seite der Musik gefragt, sondern die ordnende, beruhigende, kontemplative. Die sieben Saiten der Lyra gelten als Symbol für die sieben Planeten der antiken Welt, Musik ist Ausdruck der Sphärenharmonie. Die auf diesem Instrument gegebene Möglichkeit der Mehrstimmigkeit, indem man zwei oder mehr Saiten gleichzeitig zupft, also des Zusammenklingens, läßt Ordnungsgesetze in das Bewußtsein des Menschen treten. Die pythagoräischen Monochord-Versuche legen Zeugnis ab von diesem Denken und bilden die Grundlagen der abendländischen Musik, deren Charakteristikum

Muschelhorn aus Island

die Entwicklung von Mehrstimmigkeit bis zur höchsten Vollendung ist.

Wir hatten bereits die Er-Findung der Leier in einem ausgetrockneten Flußbett beschrieben. Dies läßt sich auch unter dem Aspekt der Nüchternheit („Trockenheit") des Apollinischen im Unterschied zum Rausch-enden, Fruchtwässrigen des Dionysischen betrachten. Während das Urmodell der Trompete, das *Muschelhorn,* aus dem Wasser stammt, das

Horn ursprünglich zum Trinken verwandt wurde, ist die „*Schildkröten-Leier*" ausgetrocknet, ausgenüchtert von der Luft und dem Feuer der Sonne, den Elementen des Geistigen. Dennoch liegt sie in einem Flußbett, das Wässrige ist also irgendwie integriert. Gerade auch auf Saiteninstrumenten ist eine fließende Spielweise gebräuchlich. Doch der Klang fließt in harmonikal geordneter Form, die Klangfarbe ist eher weich und beruhigend (wenn man an alte Lautenmusik denkt). Aber daß auch hier das Gegenteil möglich ist, zeigt der Flamenco. Wie schön, daß sich das Leben nicht so einfach in Kästchen verpacken läßt. Es gibt keine eindeutigen Zuordnungen, sondern alles ist in allem enthalten. So kann man zwar Instrumente tendenziell bestimmten Aspekten, wie in unserem Fall dem Apollinischen und Dionysischen, zuordnen, aber jedes Instrument ist durch die Weise, es zu spielen, auch mit dem jeweils anderen als Möglichkeit verbunden.

Die alte mythische Weltordnung von Himmel, Erde und Unterwelt findet ihre Analogien im Menschen, in seinen Tönen und Instrumenten.

Eine Übersichtstabelle dieser Art bekommt aber eigentlich nur durch Selbsterfahrung Sinn, wobei man sie zunächst einmal vergessen muß, um sich auf das eigene Erleben einlassen zu können. Dann aber ist es möglich, die Schwingungsräume der verschiedenen Vokale im Körper zu erspüren. Damit kommt man dem Phänomen der Klangfarbe schon recht nahe. Wenn man einen Ton singt, möglichst nasal, und dann die Mundstellungen verschiedener Vokale nacheinander durchprobiert, kann man die Obertöne dieses gesungenen Tones hören. Je näher man dem U kommt, desto tiefer springen die Ober-

Die drei mythischen Welten	ihre Bewohner	Bewußtseins-Zustände	Der kosmische Riese, der durch sein Opfer die Welt erschafft	Vokalräume	Instrumente
Himmel	Götter	bewußtes Selbst oder Überbewußtsein	Kopf, Mund (tönender Ausatem als höchstes Opfer)	I E	Gesang, Blasinstrumente, Musikbogen, Maultrommel, Zimbeln, Klangschale, hohe Becken, Glockenspiel
Erde	Mensch	Ich oder Bewußtsein	Rumpf, Bauch (Opferspeise)	A O	Saiteninstrumente (von Leier bis Flügel)
Unterwelt	Geister	unbewußtes Selbst oder Unterbewußtes	Unterleib, Fuß (Tanzopfer)	U	Fußstampfen, Trommeln, Pauken, Baß, große Gongs und Glocken

töne in der Struktur der Obertonreihe, je näher dem I, desto höher erklingen sie. So entstehen Frequenzbereiche, die keine Denkmodelle, sondern natürliche, erfahrbare Ordnung sind. Die Frequenzbereiche sind wie die strukturellen Obertonmuster tendenziell bestimmten Instrumenten und Instrumentengruppen zuzuordnen. Da bitte ich den Leser, meine Zuordnungen nur als Vorschläge aufzufassen und am eigenen Leibe zu spüren oder sich dafür spürsam zu machen, wo und wann bei ihm welches Instrument schwingt. Die rituellen Zuordnungen unserer Vorfahren oder anderer kultureller Überlieferungen brauchen wir nicht zu rekonstruieren, dadurch werden sie in uns nicht unbedingt wieder lebendig. Aber durch bereitwilliges Sich-Öffnen können wir den Sinn, das Wesen der einzelnen Instrumente wieder erleben.

Hier erhebt sich die Frage, ob nicht jedes Instrument ein Archetyp ist, der sich in äußerer Form und spezifischem Klangcharakter manifestiert. Als Musiktherapeut erlebt man immer wieder, daß durch bestimmte instrumentale Klangfarben zwar eine Vielfalt von Projektionen hervorgerufen wird, bestimmte Themenbereiche aber auch immer wiederkehren. Assoziationen können sich ergeben aufgrund lebensgeschichtlicher Zusammenhänge, gruppen- oder kulturspezifischer Prägungen oder archetypischer Gegebenheiten; diese sind transkulturell, transpersonal, im kollektiven Unbewußten verankert. Die personale Ebene hat in der Therapie dann Bedeutung, wenn es um die Bearbeitung der Biographie geht. Hier kann es beispielsweise bedeutsam sein, ob die Atmosphäre der Mutter eher mit scharfen kalten Beckenschlägen in Verbindung ge-

bracht wird oder mit hauchig verklingenden Panflö-
tentönen.

In unserem Kulturraum ist das Klavier stark be-
setzt durch gesellschaftliche Konventionen. So mancher muß aus Standesgründen Klavier spielen lernen, vorspielen, und ist für den Rest seines Lebens
davon traumatisiert. In der Musiktherapie schleichen daher manche Menschen lange um dieses Instrument herum; es neu zu entdecken bedeutet, alte
Schranken zu durchbrechen. Auch Mundharmonika
und Gitarre sind für viele, heute vorwiegend für älte-
re Menschen, verbunden mit Lagerfeuerromantik,
Jugend, Sehnsucht, Heimat...

Pauken und große Trommeln werden von den
meisten Menschen zunächst einmal zur kathartischen Entladung benutzt. Dabei kann in Wut und
Schmerz darauf eingeschlagen werden, aber auch
Lust und Lebendigkeit ertönen. In unserer Kultur
wirkt der Klang der großen Trommel oft bedrohlich.
Krieg, Hinrichtung, Macht und Manipulation sind
Themen, die sie provoziert. Der Herzschlag der Großen Mutter tönt uns weißen Abendländern offensichtlich nicht immer freundlich, nachdem wir uns
auf allen Ebenen mit ihr angelegt haben.

Einige Erfahrungen konnte ich sammeln mit dem
Monochord. Indem ich alle Saiten auf einen Ton
stimme und ihn fließend spiele, vermittelt dieser
Klang Gefühle von Einssein mit der Welt, Geborgenheit, Auf-Wellen-Treiben, In-warmem-Wasser-
Schwimmen und andere Erlebnisweisen, die dem
intrauterinen Zustand entsprechen. Bedrohlich war
dieser Klang für Menschen, die Probleme hatten mit
der Hingabe, mit Entspannung und die sich nicht
sicher und geborgen in dieser Welt fühlen.

Der *Gong,* als Kultinstrument weit verbreitet, ruft nach meiner Erfahrung häufig folgende Phantasien hervor: Meine Stunde hat geschlagen, Jüngstes Gericht, die Stunde der Wahrheit, Aufruf zur Veränderung des augenblicklichen Zustandes, sich in einem langen dunklen Tunnel befinden, sich durchkämpfen müssen und so weiter. Als archetypisches Thema scheint der Gong also Geburt und Tod anzusprechen, den realen Geburtsvorgang als prägendes Muster für die Krisen des Übergangs im Reifungsprozeß des Individuums, sein Verhältnis zu Tod, Abschied, Wandlung.

Wir befinden uns noch am Anfang einer Erforschung der archetypischen Themen, die durch spezifische Instrumente beziehungsweise ihre Klangfarben angesprochen werden. Diese Beispiele mögen genügen, um Perspektiven dieser Forschung und ihrer Anwendung in Therapie und Selbsterfahrung aufzuzeigen.

Vielleicht beginnt damit auch der Prozeß einer Wiederentdeckung von Möglichkeiten des Instrumentengebrauches, wie er ursprünglich gegeben war. Die Trennung von Kunst, Religion und Medizin, ursprünglich eins und in der Person des Schamanen als Priester, Künstler und Heiler zusammengefaßt, ist ja kennzeichnend vor allem für die europäisch-abendländische Kulturentwicklung. Auf musikalischem Gebiet bedeutete dies, daß die Musikinstrumente aus dem kultisch-religiösen Zusammenhang herausgenommen werden. Kunst und Kunstgenuß sind damit geboren. Aber es beginnt damit auch die verhängnisvolle Spaltung der Menschen in Künstler und Nicht-Künstler. In der Folge spalten sich die Musiker noch mal auf in kreative Komponisten und ausführende Profis oder Dilettanten, heute würde man sagen „Hobby-Musiker". Die sich entwickelnden kreativen Therapieformen könnten da neue Tendenzen anregen.

Wir stehen an einem Punkt, wo Perfektion auf allen Ebenen vorherrscht. Die technische Ausreifung der Instrumente scheint an ihrem höchsten Punkt. Die Elektronik bietet unerhörte Möglichkeiten. Auf allen musikalischen Gebieten gibt es Virtuosen, die mit den hochentwickelten Instrumenten in staunenswerter Weise umgehen. War es das?

Ist die Be-herrschung des Instrumentes eine Analogie zur Be-herrschung der Natur (außen und innen), der Machbarkeit, des In-den-Griff-Bekommens? Hat der Leistungsdruck, von dem wir besessen sind, nicht etwas Dämonisches, sowohl was die große Weltlage anbetrifft als auch im Hinblick auf die Lebensqualität des einzelnen Menschen, indem er unfähig wird zu leistungs- und zweckfreiem Tun?

Ich glaube, wir müssen uns mehr denn je Gedanken über das Spielen machen. Vieles, was wir „spielen" nennen, ist durchsetzt vom Ehrgeiz, dabei etwas zu erreichen, zu gewinnen: Bewunderung, Lernziele, Geld, Pokale, die Befriedigung, über andere gesiegt zu haben. Das eigentliche Spiel aber wird um seiner selbst willen gespielt, der Weg ist das Ziel, das Tun selbst schafft Befriedigung, ein Produkt stellt sich absichtslos ein, wird freudig begrüßt, jedoch nicht krampfhaft herbeigesehnt oder festgehalten. Echtes Spiel beinhaltet große Aufmerksamkeit, aber diese ist nicht zielgerichtet, sondern offen lassend, *dem* Raum gewährend, was sich im Hier und Jetzt aus mir, dem Spieler, heraus entfalten möchte. Insofern ist es wie eine Meditation, *ist* Meditation.

Da bekommt nun auch das „Spielzeug" einen anderen Sinn. Es kann Hilfsmittel zur Erfahrung des innersten Sinnes werden. Die kultische Verehrung und Verwendung von Musikinstrumenten im religiösen Ritual, ihre tiefe Symbolik dürfte in dieser Eigenschaft wurzeln. Die Stimmen der urzeitlichen Götter, Geister, Ahnen, der Urklang des Weltschöpfers, das allem Sein innewohnende schwingende Urtönen, die Klänge des Selbst – im Spielen, dem absichtslosen, freien Spielen können wir *Es* ertasten, erzupfen, erblasen, erstreichen, ertrommeln...

Von der ursprünglichen Freude am Tönen, am Zum-klingen-Bringen sind wir nur getrennt durch den Anspruch, etwas leisten zu müssen, was wie von selbst geht, wenn wir einfach tun: Klavier *spielen,* Flöte *spielen,* Trommel *spielen,* lauschend ins Fließen kommen, wie es aus uns selbst strömt. Das Fließen und Strömen des Lebensprozesses wird im Wasser für uns sichtbar, im Klang hörbar, im Musizieren können wir es schöpferisch verwirklichen, eins werden, teilhaben am schwingenden, klingenden Ganzen. Dies ist die wörtlich heilende Kraft des Musizierens: das in Hingabe Verschmelzen mit dem größeren Ganzen und daraus Wiedergeborenwerden als ganzes Individuum. Wenn wir unter Heilkraft jene im Menschen angelegte Energie verstehen, welche zur Ganzheit des Selbst strebt, kann das Musizieren also ein Weg sein, diese innere Heilkraft anzuregen, indem wir uns anschließen an den klingenden Ursprung, den wir mittels des Instrumentes in unseren Hörbereich transponieren. Für unsere mythischen Ahnen waren Instrumente Fahrzeuge, mit denen sie aus der Menschenwelt in die untere Welt der Geister und die obere Welt der Götter reisten oder zumindest Kontakt mit ihnen aufnahmen. In der heutigen tiefenpsychologisch orientierten Musiktherapie und musikalischen Selbsterfahrung nehmen wir in ähnlicher Weise über das Musizieren Kontakt auf zu inneren Welten, psychischen Schichten, die unserem Bewußtsein bislang verborgen waren, Teilen von uns, die nicht gelebt wurden, dunklen, die es vielleicht schmerzvoll zu bearbeiten gilt, aber auch lichten Potentialen, die uns dann zur Verfügung stehen und unser Leben reicher und schöner machen.

Wie Orpheus singen

Die „Mutter der Gesänge", die Mutter unseres ganzen Samens, gebar uns im Anfang. Sie ist die Mutter aller Arten von Menschen und ist die Mutter von
allen Stämmen. Sie ist die Mutter der Donner, die
Mutter der Flüsse, die Mutter der Bäume und aller
Arten von Dingen... Sie allein ist die Mutter aller
Dinge, sie allein. Und so hat die Mutter ein Andenken in allen Tempeln hinterlassen. Zusammen mit
ihren Söhnen, den Heilbringern, ... hinterließ sie
als Andenken Gesänge und Tänze.

Gesang der Kagaba-Indianer, Kolumbia[38]

Am Anfang war das Wort...
Johannes 1,1

Geister, ich rufe euch herbei, denn das Wort ist
zu uns gekommen... Dieses Wort, das voller Kraft
ist, möge uns durchdringen. Ehrwürdige Ahnen in
der Ferne, ich wiederhole das alte Wort! Dies Wort,
das voller Kraft ist, möge uns durchdringen... Auf
der großen Bahn, auf der die Menschen durch die
Kraft des Wortes sich hintereinander reihen... Auf
der Bahn zu den ewigen Gefilden kommt der Sohn
des alten Wortes heran. Aus dem alten Wort, jenseits seines eigenen Alters ganz am Anfang der
Bahn, ist das Wort des Sohns geboren.

Initiationslied der Bambara, Afrika[39]

Es wird erzählt, er habe singend der Berge
Unbezwingliche Felse und strömende Flüsse
bezaubert.

Apollonius von Rhodos, die Argonauten I[40]

Ist er ein Hiesiger? Nein aus beiden
Reichen erwuchs seine weite Natur.

Rilke, Sonett an Orpheus

Singt ein kalifornischer Schamane ein Zauber-
lied, so kommt der Geist, dem dieses Lied ent-
spricht, und sagt: Du singst ein Lied, das mir wohl
gefällt. Es ist mein Lied. Deswegen gebe ich dir
auch meine Kraft.[41]

Eine alte Sage berichtet, irgendwo in einer Höhle in
der Arak-Schlucht hause eine wunderschöne Tar-
gia-Frau, die, sobald sich eine Karawane durch die
Schlucht schlängle, Lieder zu singen beginne, und
zwar singe sie so wunderbar, daß junge Männer
unwiderstehlich davon angelockt würden. Sie
schleichen sich von der Karawane weg, folgen dem
lockenden Gesang und finden die schöne Frau in
ihrer Höhle. Aber keiner ist je zurückgekehrt. In der
folgenden Nacht werden die Männer von der Un-
holdin getötet und aufgefressen.

Mythische Erzählung der Tuareg[42]

Dieser Wesen Essenz ist die Erde;
der Erde Essenz ist das Wasser;
des Wassers Essenz sind die Pflanzen;
der Pflanzen Essenz ist der Mensch;
des Menschen Essenz ist das Versmaß
(Rhythmus);

des Versmaßes Essenz ist der Saman (Gesang);
des Saman Essenz ist der Udgitha, die Silbe OM;
die Essenz der Essenzen ist der als Saman
in der Silbe OM erscheinende Atem (Prana)...
Ebenso, wie durch einen Nagel oder einen Pfeil
viele Blätter zusammengespießt werden können, so
wird auch durch den Laut OM alle Rede (das heißt
die ganze Welt) zusammengebohrt.
Chandogy-Brahman[43]

Schläft ein Lied in allen Dingen,
die da träumen fort und fort,
und die Welt hebt an zu singen,
triffst du nur das Zauberwort.
Joseph von Eichendorff

Du fragst, ob das Leben sich lohnt –
O horch: das Lied des Fischers überm Sand.
Wang We

Das Instrument, welches dem Menschen am nächsten steht, ist sein Körper, dessen Klang als tönender Atem aus dem Mund hervorströmt. Für die Stimme gilt vieles über die Instrumente Gesagte in hochpotenter Form. Schon bei der Geburt lassen wir sie ertönen als „Ur-Schrei". Und wie der Mutterschoß das Kind, so gebiert der Mund des Weltschöpfers tönend das Leben. In vielen Schöpfungsmythen erklingt ja am Anfang das Wort, der Schrei oder der Schöpfungsgesang, aus dessen Klang die Welt in Erscheinung tritt.

Hier interessieren wir uns vorwiegend für den akustischen Aspekt des Mythos. Jean Gebser vermutete einen etymologischen Zusammenhang zwischen „myth" und „mouth" (englisch = Mund), das heißt, der Mythos ist immer etwas, was aus dem Mund geboren wird. Der Mund, die Stimme tönt, klingt – im Unterschied zum Bild, zur Skulptur. Viele Mythen wurden in Form von „Gesängen" oder „Liedern" übermittelt, sie wurden ursprünglich gesungen oder rezitiert. Während das Bild-Symbol schweigend über unser Auge spricht, sind die Mythen eigentlich durch die Stimme tönende Symbole, die über das Ohr, den akustischen Sinn, auf uns wirken. Die Stimme wurzelt im archaischen Ausdruck ihrer selbst. So wie das neugeborene Kind mit dem Schrei beginnt, dann lallt, brabbelt, schließlich erste Worte der Umgebung nachzugestalten sucht, bis es irgendwann sprechen und Lieder singen lernt, so drückt der Mensch ursprünglich seine Gefühle auf eine Weise aus, die wir eher Singen denn Sprechen – als reflektiertes akustisches Gestalten seiner Gedanken – bezeichnen würden. Das Sprechen ist schon eine Abstraktionsleistung, während die archaischen stimmlichen Laute unmittelbar das Innere nach außen tönen.

Wenn man eine Gruppe einmal, statt auf der Ebene des Wortes, über solchen freien Laut-Ausdruck kommunizieren läßt, erlebt man eine große Veränderung in der Atmosphäre. Wenn sich die Menschen darauf einlassen, entsteht eine besondere Form von Authentizität, ein veränderter Bewußtseinszustand, intensivierte Lebendigkeit. Es können Energien freigesetzt werden, die normalerweise durch das In-Worten-Denken und -Sprechen kontrolliert werden.

Vermutlich steht auch menschheitsgeschichtlich vor der Wort-Sprache ein Symbolsystem aus Gebärden, Gesten, Mimik und vokalen Lautäußerungen, die erst im Laufe der Zeit zu Worten, Sätzen, grammatikalen Gesetzmäßigkeiten wurden. Dieser Schritt dürfte auch das Bewußtsein des Menschen erheblich verändert haben, und entsprechend verändert sich unser Bewußtsein, wenn wir vom rationalen Verbalisieren auf Lautäußerungen umschalten.

Die bewußtseinsverändernde Kraft von Lautsilben hat eine alte Tradition, die sich in Asien bei den sogenannten Mantras erhalten hat. Mantras sind archetypische Laut-Symbole, akustische Manifestationen bestimmter Bewußtseins-, Schwingungszustände. Das bekannteste und wichtigste Mantra ist OM, klangliches Symbol für die Einheit allen Seins und daher der Weg der Einswerdung, Vereinigung oder des Erkennens der Einheit. OM ist die Keimsilbe des Universums, Synthese aller Schwingungen, das Ewige in uns, zu dem hin dieses Mantra die Menschen befreit.

Magische und religiöse Gesänge gibt es bei allen Kulturen. Der Gesang ist ursprünglich immer etwas Sakrales und wird erst später Arbeitsgesang oder Gesangsunterhaltung. In den Worten „incantatio", „enchanter", „carmen" (französisch „charme"), die alle soviel wie bezaubern *und* singen bedeuten, ist dieser Ursprung noch erkennbar. Auch das nordische Wort „galdr" = Zauberspruch kommt von dem Verbum galan = singen. Das ursprüngliche magische Singen lebt weiter in den religiösen Gesängen und Rezitationen. Das ständig wiederholte Anrufen von Gottes Namen, Psalmen, Litaneien und alles repetitive Singen überhaupt ist geeignet, Bewußtseinsenergie zu konzentrieren. Denken wir nur an die altindischen Veden, die buddhistischen Sutras, die Suren des Koran, die liturgischen Texte des Judentums, des östlichen und westlichen Christentums.

Dabei spielt die Anrufung des Namens der Gottheit eine besondere Rolle. Durch den Namen kommt man in Kontakt zur Gottheit, hat Zugang zu ihrem Wesen, um dadurch eine Wirkung zu erreichen. Natürlich ist auch der eigene Name, vor allem der Vorname, der einen durch die prägenden Situationen der Kindheit begleitet, von besonderer Bedeutung für den Träger. Nicht umsonst führt ein einschneidendes psychologisches, meist religiöses Erlebnis zum Wechsel des Namens, etwa vom Saulus zum Paulus. Auch in manchen religiösen Gruppierungen wird ein solcher Namenswechsel als „Eintrittskarte" gefordert, was bei jungen, ungefestigten Persönlichkeiten problematisch sein kann. Schließlich ist der Name so etwas wie die lautliche Grundlage einer Identität. In der magischen Welt kann man jemanden vernichten durch das Wissen um den Namen, der die klangliche Essenz dieses Menschen bedeutet. Dies klingt noch an im Märchen vom Rumpelstilzchen, welches in der Tat vernichtet wird, als die Königstochter seinen Namen weiß.

Bei den Indianern war es üblich, daß der Mensch seinen Namen suchte. Dazu ging er in die Wildnis, fastete, meditierte, betete um eine Vision. So fand er seine Identität in einem Namen, der ihm aus seinem eigenen Inneren offenbar wurde.

Unter „Namen" oder auch „Wort" oder „singende Kraft" versteht der Zauberer-Schamane die Tonsubstanz, die allen Dingen innewohnt, auch wenn sie für den gewöhnlichen Menschen nicht hörbar ist. Nur der Magier ist aufgrund seiner starken Verbindung mit der Natur und der Totenwelt imstande, diese zu erkennen und zu wiederholen. Dabei ist es vor allem wichtig, daß er mit seiner Stimme „den richtigen Ton trifft". Nicht die Formel, das Lied, die äußere Form des Gesanges ist entscheidend, sondern die „Stimme", die rezitiert oder singt.

Ich glaube, jeder von uns hat schon einmal die Erfahrung gemacht, daß er mit einem Wort, das er gesagt hat, einen anderen Menschen im Innersten berührt hat, etwas be-wirkte. Dabei ist es eben nicht nur das Wort, welches wirkt, sondern der Klang und damit die Stimme. Man sagt: „Der Ton macht die Musik" und meint damit genau dieses „*wie* man etwas sagt".

Lautäußerungen und Kraft sind von jeher eng miteinander verbunden. Im Äußeren kann man es bei schwerer körperlicher Arbeit beobachten. Die kräftesteigernde Bedeutung des Arbeitsliedes gehört in diesen Zusammenhang. Lautes, rhythmisches repetitives Singen bewirkt auch durch seinen arationalen Charakter und den starken Einfluß auf die Atmung eine enorme Steigerung der Energie, die nach außen (Arbeit, ekstatisches Tanzen) oder nach innen (Meditation, Enstase) gelenkt werden kann.

Schamanen als Sänger haben Zugang zur singenden Kraft, der Ursubstanz der Wesen und Dinge, ihrem Schwingungszustand. Darauf beziehen sich auch die für uns unglaublichen Berichte, die in den verschiedenen Kulturen über die Wirkung des Gesangs überliefert sind. Diese Wirkungen erstrecken sich auf die Natur, auf Felsen, Bäume, wilde Tiere, die sich beruhigt dem Sänger zu Füßen legen – und natürlich auf den Menschen.

Ein in vielen Kulturen auftretender Mythos ist

auch jener, wo die weibliche Stimme den Mann an-
lockt und ins Verderben führt. Die Targia in Afrika
lockt mit ihrem Gesang junge Männer in ihre Höhle,
um sie zu töten und aufzufressen. Der Gesang der
Sirenen ist so unwiderstehlich, daß Odysseus sich
vorsichtshalber an den Mast binden läßt, um dann
seine Mannschaft anzuflehen, ihn loszumachen, damit er ihrem Gesang folgen kann – doch diesen Män-
nern hatte er die Ohren mit Wachs verstopfen lassen, das ist seine Rettung. Die deutsche Loreley ist
ein anderes Beispiel. Solche Mythen machen die
Zauberkraft der Stimme deutlich. In diesem Fall ist
es die Wirkung der weiblichen Stimme auf den
Mann. Wahrscheinlich gibt es dafür eine Menge Deutungsmöglichkeiten. Mir scheint es um die Angst
des Mannes zu gehen, vom Weiblichen wieder verschlungen zu werden. Biologisch ist dies zwar nicht
möglich, aber psychologisch ist der Verlust der Individualität, das Sich-Verlieren, eine reale Bedrohung
für den Menschen. Mit der Frau ist diese Bedrohung
in doppelter Hinsicht verknüpft. Zum einen ist der
Schoß, der einen geboren hat, auch ein Schlund,
von dem man wieder verschlungen werden kann.
Zum anderen ist das sexuelle Verschmelzen im Or-
gasmus mit einem Bewußtseinsverlust verbunden,
mit einem Vergehen vor Lust. Die Angst vor und die
Sehnsucht nach einem solchen Verschmelzen sind
eine allgemein menschliche Ambivalenz, unabhängig vom Geschlecht. In diesen Stimmen liegt die
Verführung zum Tode, zum Vergehen und Aufgehen
in einen paradiesischen Urzustand, wie es das Auf-
gehobensein des ungeborenen Menschen im Mutterleib repräsentiert. So klingt in diesen Mythen das
Thema der Verführbarkeit an; daß der Mann von der

Frau verführt wird, könnte ja auch die patriarchale Variante einer Geschichte sein, in der die Möglichkeit des regressiven Irrwegs beschrieben wird.

Nun ist Regression aber bei weitem nicht immer ein Irrweg. Das „Zurückgehen" in eine tiefere Schicht (vgl. auch re-ligio) ist lebenswichtige Entspannung und Erholung beispielsweise im Schlaf. Das heilsame Verschmelzen im Gruppenklang ist ein uraltes Mittel, seelische Gesundheit zu schützen und zu bewahren. In der Psychotherapie ist das Spüren der „wunden Punkte" nur möglich, wenn man sich unter die Oberfläche begibt. Für das Ich liegt allerdings immer auch Bedrohung darin, weil es ein Stück Sterben bedeutet. Störungen des Schlafes, der sexuellen Hingabefähigkeit und des Kontaktes zum eigenen Inneren haben hier einen gemeinsamen Nenner. Dennoch lockt es uns Menschen gerade dorthin. In Mythen sind es Männer, denen der verführerisch singende weibliche Mund (womit auch die Vagina gemeint sein könnte) zum Verhängnis wird. Dieses Nicht-wieder-Kommen bedeutet möglicherweise auf dem Hintergrund der patriarchalen Bewußtseinsphase, daß die Integration des Weiblichen nicht gelingt. Entweder die Männer verstopfen sich die Ohren oder lassen sich festbinden wie Odysseus – was ja keine echte Lösung des Problems darstellt –, oder sie kommen um. Der durch Verdrängung in den Schattenbereich „böse" gewordene weibliche Aspekt rächt sich durch Vernichtung. Eine Integration, das von Jean Gebser nach Matriarchat und Patriarchat anzustrebende Integrat, gelingt nicht.

Aber ist der Gesang der Sirenen immer vernichtend? Ist er nicht auch, wie die Stimme der Kassandra, warnend, wachrüttelnd für Gefahr? Gerne lasse ich die Deutung dieses Mythos offen. Die Beschäftigung damit erscheint mir lohnend. Es ist eine Art Pfortengeschichte, bei der jeder für sich weitersinnen kann: Gibt es einen anderen Weg als Vermeiden oder Untergehen? Was wollen diese Frauen? Letztlich gibt es auf der entwicklungspsychologischen Ebene für den Menschen kein Zurück. Er muß Ich, Individuum werden, um ein gesunder Mensch zu sein. Eine Transzendierung dieses Ichs ist immer eine bewußte Entscheidung, die eben dieses Ich voraussetzt.

Die Verführbarkeit durch die Stimme kann sich auf alltäglicher Ebene im Kaufen sinnloser Dinge oder beim Unterschreiben eines ungewollten Vertrages manifestieren. Ein bezaubernder Stimmklang kann einen Menschen in eine fatale Beziehung verstricken, in der er „hörig"(!) wird. Eine Stimme kann uns im Innersten treffen, wir sind wie gebannt und hängen an den Lippen desjenigen, sei er Sprecher oder Sänger – es geht um den Klang, um das „Wie", nicht das „Was".

Im magischen Lied ist der Text völlig bedeutungslos. Er wird nachträglich so konstruiert, daß die Reihenfolge der Vokale, der Klangsilben für dieses spezifische Kraftlied stimmt. In Stammeskulturen werden bestimmte Lieder nicht in der Sprache dieses Stammes, sondern in scheinbar sinnlosen Silben gesungen. Solche alten archaischen Lieder sind für den Schamanen quasi Mantras, Lieder von großer magischer Kraft, über welche die mit sinnvollen Texten versehenen Lieder nicht mehr verfügen. Sie sind Kult, Ritual, dem religiösen und therapeutischen Gebrauch vorbehalten.

Das Sich-Einschwingen in veränderte Bewußtseinszustände durch Singen ist eine Methode, die bei vielen Kulturen bekannt ist. Das Singen in Gruppen ist eine kraftvolle Möglichkeit, vibrierend mit einem größeren Ganzen zu verschmelzen, also transpersonale Erfahrungen zu machen. Die dazu notwendige Offenheit und Hingabefähigkeit ist bei uns leider nur in wenigen Menschen präsent, da es keinen kulturellen Hintergrund dafür gibt. Transpersonale Erfahrungen werden in unserer Gesellschaft häufig mißachtet oder gar pathologisiert. Sie sind aber von der unfreiwilligen Depersonalisation in der Psychose deutlich unterschieden. Sie werden freiwillig von einem Individuum mit ausreichend stabilem Ich-Kern angestrebt, das aus diesem Zustand geläutert zurückkehrt zu einer abgegrenzten Identität. Traditionell haben solche Erfahrungen reinigenden, kathartischen, „psychohygienischen" Charakter.

In den letzten Jahren werden zunehmend mehr Menschen willig zu tiefer Selbsterfahrung, und ich hoffe, daß auch die Verantwortlichen in den institutionalisierten religiösen Gemeinschaften religiöse Erfahrungen nicht mehr nur auf wenige Auserwählte beschränkt wissen wollen, sondern sie allen Menschen zugänglich machen – das Wort in seinem vieldeutigen Bedeutungsaspekt führt schwerlich allein zum Heil.

Das gemeinsame Tönenlassen der Stimme in einer Gruppe macht zunächst Schwierigkeiten bewußt. Die Angst, sich aufzulösen, verschlungen zu werden von dem Ungeheuer Unbewußtes, steht häufig der Sehnsucht nach völligem Eintauchen in die von der Individualität erlösende Vereinigung mit dem Überbewußten entgegen. Wenn diese Schwierigkeiten bearbeitet werden, kann man sich weiterentwickeln. Mit zunehmendem Vertrauen wächst die Fähigkeit des Sich-Einschwingens über die Stimme in die Erfahrung des Fließens und des lustvollen freiwilligen Verschmelzens.

Wenn wir bislang der äußeren Gestaltung des Gesanges wenig Aufmerksamkeit schenkten, wollen wir uns im folgenden dem *Lied* als der zentralen Form stimmlichen Ausdrucks zuwenden. Dies hat auch Bedeutung für den Mythos. Die Mythen als ge sungene Erzählung werden in der Form des Liedes präsentiert: in der Edda, in den Veden, der Bhagavadgita, den Psalmen der Bibel oder den Heldenliedern aller Kulturen.

Was ist nun ein Lied? Kann man es abgrenzen von der Musik im allgemeinen, mal abgesehen von Gattungsbezeichnungen? Ein befreundeter Musiker sagte einmal: „Jede Sinfonie ist ein Lied, das Eigentliche an ihr ist das Lied, alles andere ist Verzierung."

Es gibt Sprachen, in denen Lied und Musik ein und dasselbe sind, Musik sozusagen im Lied ihre Form findet. Jedes Kind beginnt bei seiner Suche nach Form und Wiederholbarkeit mit dem Lied. So wie es das Märchen immer wieder hören will, das Bilderbuch immer wieder anschauen, wiederholbare Gestaltung in einer noch recht verfließenden Welterfahrung braucht, so sucht es im Lied Sicherheit und Ordnung.

Menschheitsgeschichtlich ist das Lied eine der frühesten musikalischen Formen. Aus den rituellen Gesängen entwickeln sich Lieder zum Beruhigen und Einschläfern der Kinder, Arbeitslieder, Kriegs- und Spottlieder, Lieder für die Pflanzen, zur Jagd und allen möglichen Situationen. Auch die pädagogische Aufgabe des Liedes ist eine Erscheinungsform, die zeitlich nach der kultischen Verwendung liegt. Es wäre durchaus denkbar, daß die zunehmende textliche, also eher das Denken ansprechende Funktion mit der patriarchalischen, männlichen Bewußtseinsentwicklung zu tun hat, da von nun an *der* Sänger als Archetyp in den bildlichen und erzählerischen Überlieferungen in den Vordergrund tritt. Die Tendenz geht vom Sinnlichen zum Rationalen, verbunden mit einer Verschiebung vom Ganzheitlichen zum „pars pro toto": Der Mund wird Geburtsöffnung für die „Kinder des Kopfes".

Schon im alten Ägypten gibt es bildliche Darstellungen des (oft blinden) Sängers mit der Harfe, im griechischen Kulturraum ist es Orpheus, in Israel David. Sind im Schamanen noch Religion, Kunst und Heilung eine Einheit, so beginnt bereits in den frühen Hochkulturen allmählich die Trennung dieser drei Bereiche. Der Sänger als Künder der jenseitigen Welt, des Mythos, wird Geschichtenerzähler. Er teilt alte und neue Geschehnisse in Form von Liedern mit und übernimmt im Laufe der Zeit quasi solche Funktionen, wie sie bei uns heute Publizisten, Journalisten, Schriftsteller haben, Nachrichtensprecher, Kommentatoren, Kabarettisten. Er wird Medium zur Dokumentation von Ereignissen, Erfahrungen und Wissen.

Im frühen Europa gab es die Barden. Sie wurden von den Druiden in langjähriger Lehrzeit ausgebildet und durchreisten dann den keltischen Kulturraum, um ihre Lehrgesänge den Menschen vorzutragen. Bei den Kelten stand der Sänger neben dem König, er konnte ihm Lob und Ruhm singen, aber auch Kritik üben, ihm den Spiegel vorhalten wie später der Hofnarr – Vorbild des politischen Sängers und Liedermachers.

Ursprünglich aber vertrat er einen Gott, der dann aus ihm sprach. Bei den Kelten war dies vermutlich Ogmios, von dessen Zunge Ketten ausgehen zu den Ohren der Menschen, die ihm freudig und voll Vertrauen folgen. Diese starke Wirkung des Gesangs und der Sänger auf den Menschen hat sich vor allem noch in Irland lange bewahrt, wo die Harfe als Symbol für das ganze Land steht. All die alten Sagen um König Artus, Tristan und den Gral kommen ursprünglich aus solchen Gesängen.

Die fahrenden Sänger, die im europäischen Mittelalter als Troubadoure und Minnesänger weiterlebten, waren immer umfassend gebildete Menschen. In ihnen verbanden sich Religion, Mythologie, Philosophie, Dichtkunst, künstlerisch-musikalische und heilende Fähigkeiten.

Auch in unserer Zeit kann ein Sänger künstlerische, religiöse, politische, pädagogische und therapeutische Aufgaben und Absichten haben. Der politische Sänger ist gerade heute von großer Bedeutung und Einfluß. Er kann den Nerv eines Anliegens viel direkter treffen und viel mehr Menschen erreichen, als es durch einen Text oder eine Rede geschieht. Der Einfluß, der von Joan Baez und Bob Dylan in den sechziger Jahren ausging, wirkt noch bis in die aktuelle Friedensbewegung hinein. Udo Lindenberg greift in unseren Tagen aktiv und engagiert in die deutsch-deutsche Politik ein, und gerade die Liedermacher der DDR sind so gefährlich, daß man sie am besten ausbürgert, damit nicht größere Unruhe aufkommt. Übrigens sind Dylan und Lindenberg Paradebeispiele für die Tatsache, daß nicht die „schöne" Stimme entscheidend ist für die Wirkung, sondern der „richtige Ton", in dem eine innere Wahrheit zum Ausdruck kommt. Diese „neue Weise" zu singen ist sicher vorbereitet durch den Blues- und Jazzgesang der farbigen Amerikaner, in dem authentischer Ausdruck das Erbe der versklavten Vorfahren ist. In den Gottesdiensten der Schwarzen ist das ekstatische Heraussingen der Gefühle noch gang und gäbe. Es sind gerade auch die Frauenpersönlichkeiten des schwarzen Gesangs, die diesen kultivieren und weiterentwickeln.

Kollektive Bewußtseinsveränderungen können durch Musik, speziell durch die Persönlichkeit des Musikers und da insbesondere auch des Sängers, hervorgerufen oder zum Ausdruck gebracht werden. Im christlichen Abendland lange verpönte Aspekte des Dionysischen, unterdrückte Sexualität, ekstatischer Tanz und Trance tauchten in der Folge der schwarzen Musik durch den Rock 'n' Roll wieder auf. Die berühmteste Sängerpersönlichkeit dieser Zeit war Elvis Presley, genannt „Elvis the pelvis", Elvis das Becken(!) – wegen seines berüchtigten Hüftschwunges. Auch bei den „Beatles", dem Gesangsquartett aus England, gerieten die jugendlichen Fans in Verzückung, gehörten ekstatisches Schreien und Tanzen zum Konzertritual. Der differenzierte Musikgenuß konnte dann erst zu Hause am Plattenspieler stattfinden. Abgesehen davon, daß sie Lieder komponiert haben, die nicht populäre Eintagsfliegen blieben, sondern heute noch wie Volkslieder verbreitet sind, schwang in ihren Liedern für eine Generation etwas mit von der Aufbruchstimmung der sechziger Jahre, die Hoffnung auf eine bessere Welt mit mehr Liebe, Frieden, Freiheit, Selbstbestimmung, weniger Hunger und sozialen Problemen. „Du fragst, ob das Leben sich noch lohnt – o horch, das Lied des Fischers überm Sand."

Die heilenden Wirkungen des Gesanges sind uns vor allem überliefert durch die beiden bekannten Sängergestalten Orpheus und David. Sie werden beide mit der Harfe dargestellt, entsprechend dem archetypischen Bild des Sängers.

David, der zum König berufene Hirte, lebt noch in dem sinnlichen, musischen Israel mit Tempelmusik und Tanz, bevor der strengere Synagogengesang Einzug hält. Er sitzt als junger Hirte mit seiner Harfe in der Natur und findet seine Lieder, in denen er die eigenen Tiefen, Gefühle und Erfahrungen gestaltet. Dadurch kann er auf andere wirken, als Musiktherapeut die schweren Depressionen des Königs Saul behandeln. Auch als König bleibt er seiner musikalischen Psychohygiene treu, findet seine Lieder und tanzt seine starken Emotionen.

In Orpheus verkörpert sich der Archetyp des Sängers in umfassender Weise. In der mythischen Überlieferung gilt er als Sohn der Muse und des Apollon, also der weiblichen und männlichen Gottheit der Musik. Er stammt aus Thrakien, wo er als historische Persönlichkeit um die Mitte des zweiten Jahrtausends vor Christus lebte und wirkte.

Er war sicher Schamane, wenngleich die Griechen später seine Jenseitsreisen in eine romantische Liebesgeschichte mit Eurydike umgedichtet haben. Sein Gesang war das Fahrzeug für den Kontakt mit anderen Welten. Er muß ein Meister des „richtigen Tons" gewesen sein, denn man sagt, daß er mit seiner Stimme wilde Tiere zähmen und die Natur beeinflussen konnte. In der Geschichte mit Eurydike bewegt er durch seinen Klagegesang sogar die unerbittliche Persephone.

Er war auch Künder des Mythos. In seinen Liedern teilte er die Erfahrungen seiner Jenseitsreisen mit, die Mysterien des Lebens. Wie alle Schamanen sang er vom Ursprung der Welt und schuf damit Verbindung, Re-ligio, ein Sich-wieder-Anschließen an das „Wort", die Urkraft und das ursprüngliche Wesen allen Seins, ein Prediger und Priester, ein Heiler im alten Sinne.

Jetzt mag sich mancher fragen, was das alles mit ihm und seiner Situation als Mensch des 20. Jahrhunderts zu tun hat, da er nicht zaubern kann, womöglich nicht in den Schulchor aufgenommen wurde, weil er keine „schöne" Stimme hatte, oder umgekehrt Gesangsausbildung genoß, aber mit Gesang bislang ganz andere Ideale verknüpft hat, als sie hier zur Sprache kommen. Ich möchte dem Leser die Bedeutung der Stimme im menschlichen Leben näherbringen, indem ich ihn einlade, einmal über Worte nachzusinnen, die damit zu tun haben: Stimmung, Verstimmung, „das stimmt – nicht", stimmen, abstimmen, beistimmen, zustimmen, übereinstimmen, stimmig sein. Was in der Stimme des Menschen klingt, ist Ausdruck seiner Persönlichkeit, ist sozusagen seine akustische Manifestation, Person kommt von „per sonum": durch Klang. Je weniger ich in Resonanz mit mir als Ganzes bin, desto weniger vibriert in meiner Stimme, desto dünner, flacher klingt sie. Zurückgehaltene Aggressivität macht sie gepreßt, Angst und Streß geben ihr einen anderen Klang als Begeisterung, Vertrauen, Entspannung.

In der Klinik bot ich für jede Musiktherapiegruppe einmal wöchentlich morgens eine Körper-Atem-Wahrnehmung an; danach spielte ich für die Patienten einen Monochordklang und lud ein, sich mit der eigenen Stimme da hineinzuschwingen. Ich betonte immer wieder, daß es gerade nicht auf den „schönen" Stimmklang ankomme, sondern auf das Zulassen dessen, was aus einem heraustönt. Dies bringt natürlich eine andere Art von Bedrohung, nämlich: Was da wohl kommt! Es bedarf also eines gewissen Vertrauens in den Therapeuten und die Mitpatienten, bis man sich darauf einlassen kann.

Eine Frau schaffte es über Wochen nicht, ihre Stimme tönen zu lassen. Ihre Angst war, daß der Klang ihrer Stimme ihr unerträglich sein würde. In der letzten Sitzung vor ihrer Entlassung ließ sie es dann doch geschehen. Tief berührt und strahlend vor Glück berichtete sie anschließend, ihre Befürchtungen seien nicht eingetroffen – ein wunderschöner Ton entströmte ihr.

Es kann auf der anderen Seite ein genauso großes Glück bedeuten, ein Krächzen zuzulassen, einfach mal „häßliche" Töne zu produzieren, ohne Rücksicht darauf, wohlgefällig zu sein. Ein Mann überwand in einer Selbsterfahrungsgruppe seine antrainierte Artigkeit, indem er den aufgesetzten Wohlklang seiner Stimme aufgab und knurrte, kreischte und röhrte. Es war sein Beitrag zu dem Gruppenthema „Risiko". Für ihn war es eine wichtige Erfahrung, mit diesen „unartigen" Stimmklängen von den anderen Teilnehmern angenommen, ja für einige erst dadurch liebenswert zu werden und ihm näherzurücken. Bei der folgenden chorischen Gruppenimprovisation konnte er zum ersten Mal voller Hingabe mittönen. Es kam für ihn nicht mehr darauf an, Stimme und Stimmung so zu kontrollieren, daß er den anderen gefiel, sondern daß er stimmig war mit sich und der Welt.

Der Leser sei eingeladen, seiner Stimme und deren Klang mehr Aufmerksamkeit zu schenken. Dies meine ich einmal bezogen auf das Sprechen: Wie spreche ich mit wem, wie wirke ich mit meiner Stimme? Daneben ist es auch interessant zu beobachten, wann man was singt, welche Lieder und Melodien einem in einer bestimmten Situation einfallen.

Es ist ein spannender Prozeß, seine Stimme im Tönen (ich vermeide das für manchen so belastete Wort „Singen") zu entdecken. Fangen wir ruhig da an, wo uns niemand hört – das Tun ist entscheidend. Hauchen, seufzen, brummen, Vokale und Silben tönen, mit der Stimme experimentieren ohne den Anspruch, etwas „Richtiges" zu produzieren. Viel wichtiger ist, daß wir in unserer Stimme stimmig sind mit unserer Stimmung. Wir brauchen kein Klagelied auszugraben oder zu importieren, wenn uns nach Klage zumute ist. Und unsere Freude findet auch spontan ihre Töne. Jede momentane Stimmung hat momentane stimmige Töne – und da sind wir dann ganz nahe an dem ursprünglichen „Mit-der-richtigen-Stimme-Singen" und auf dem besten Wege, uns an das „Wort" als zentrale Kraft anzuschließen. Dies ist sicher ein langer Weg und kein leichter. Und er läßt sich gerade nicht leisten, sondern es ist immer eine Gnade, die uns nur geschenkt wird über das Ehrlichwerden, das Stimmigwerden mit sich.

„Wie Orpheus singen" heißt, seine Stimme als Fahrzeug zu nutzen, um mit dieser heilsamen Kraft in uns in Beziehung zu treten.

Heilende Rituale

Heile, heile Segen,
drei Tage Regen,
drei Tage Sonnenschein,
wird's schon wieder besser sein.
Kinderlied

Ein Mythos der Winnebargo-Sioux erzählt von ei-
nem Menschen, der vor Erschöpfung dem Tode na-
he war. Er suchte die Einsamkeit auf und erklomm
den Gipfel eines Berges. Tiere erschienen ihm und
machten sich daran, ihn zu pflegen. Der Rabe
machte den Anfang, krächzte „E – he – a, e – he – a"
und schenkte ihm ein Heilmittel. Dann ging der
Wolf ans Werk. Murmelnd schritt er um den Kran-
ken herum und spuckte dabei magische Arzeneien
aus. Der Mensch war fast geheilt, es ging ihm viel
besser. Alsdann ging die Schildkröte daran, ihre
Kräfte auszuüben, und schrie: „Ahi, ahi, ahi, ahi"
und ließ ihn, immer im Herumgehen, einen Aufguß
trinken. In diesem Augenblick nun war er fast völ-
lig wiederhergestellt. Dann sagten ihm alle Tiere,
die ihn geheilt hatten: „Mensch, so wirst du die
heilen, die deinesgleichen sind."[44]

Das Rezitieren des Mythos vom Aufstieg des Men-
schen vermochte nicht nur die Kranken zu heilen,

es weihte auch den Neuling in die religiösen Geheimnisse ein und brachte die Menschen mit der Welt der Natur in Einklang. Tatsächlich waren die alten Gesänge der Navajos eine Art Psychotherapie, die manchem Kranken zur Konzentration seines gespaltenen Geistes verhalf und sein inneres Gleichgewicht wiederherstellte (wie überhaupt die Indianer von dem Gedanken ausgingen, daß Krankheiten mehr eine Angelegenheit des Geistes als des Körpers seien). Dieser Zusammenhang der Mythen mit Heilungszeremonien ist wohl ein wesentlicher Grund dafür, daß sie sich erhalten haben. Sowohl die Zuschauer als auch die Teilnehmer wurden in der Überzeugung bestärkt, daß sie selbst bei dem mythischen Geschehen mitwirkten und ihre Integration in die Welt der Geister und der Natur sich dabei erneuere. Auf seine Weise muß der Ritus ein emotionelles Gleichgewicht bewirkt haben, ähnlich der inneren Beruhigung, die sich bei der regelmäßigen Teilnahme an den religiösen Zeremonien der komplexeren Kulturen der Alten Welt einzustellen pflegte.[45]

Der Mann vom Fischtotem zum Beispiel ist verpflichtet, für die Erhaltung der Fische zu sorgen, und darf von diesem Fisch nicht essen. Diese Aufgabe erfüllt er durch die rituelle Wiederholung der Opfergesänge, mit denen sein Ahne in der Urzeit den Fisch erschuf. Je realistischer die Nachahmung dieses Schöpfungsgesanges ausfällt, um so stärker identifiziert sich der Sänger mit der akustischen Lebenssubstanz seines göttlichen Urahnen und mit dessen singender Kraft.[46]

Gibt der Mensch durch Weinen und Schluchzen seiner Trauer nach, statt diese natürliche Reaktion stumm und gewaltsam zu unterdrücken, so wird ihm eine wesentliche Entlastung zuteil. Aber es geht hier nicht nur um die Befreiung durch den Kehlkopf, wie die alten Kulturen sagen, denn die alte Ritenordnung geht auch von der Idee aus, daß jedem aktiven Geschehen in der Natur auch ein passives Empfangen entspricht, daß also jede Äußerung auch eine Gegenäußerung hervorruft. Und diese Antwort gibt der Tote. Die Antwort auf die Totenklage der Lebenden ist der Dank oder die Ruhe des Verstorbenen.[47]

Sultan Veled hat den beim Vater und seinen Jüngern spontan hervorbrechenden enthusiastischen Wirbeltanz zum fest geregelten, zu bestimmten Zeiten auszuübenden Ritus umgestaltet. Der Tanz, ursprünglich der unwillkürliche Ausdruck höchst gesteigerten Erlebens, wird nunmehr gelernt und eingeübt und soll nun, umgekehrt, das Erlebnis erst erzeugen, dessen Ausdruck er ursprünglich war. Wohldiszipliniert, schweigend und gehorsam, in ihren Schritten genau überwacht, vollziehen die Derwische heute die Zeremonie, deren ursprünglich leidenschaftlicher Charakter sich nur noch aus dem Inhalt der gesungenen Lieder erschließen läßt.[48]

Zeremonie – was heißt das? Wir sollten aufhören, damit ein starres Ritual, sinnlose, leere Wiederholung von Formeln und schablonenhaftes Verhalten zu verbinden. Zutreffen mag das für Zeremonien der großen Religionen, nicht aber für die

*von Stammeskulturen. Dort besitzt das Ritual ei-
nen ganz anderen Sinn: es ist die Steigerung aller
Sinne durch Musik, Gesang, Tanz, Bewegung. Unsere so mannigfaltig ausgerichtete Aufmerksamkeit auf einen Punkt zu vereinen, wir nennen es
das Nadelöhr des Bewußtseins, und sie dort
hindurchzuschieben, hindurchzutrommeln, hin-
durchzusingen in eine psychische Dimension, in
der Raum und Zeit, die Grundkategorien unserer
Welterfahrung, andere Qualität besitzen – das ist
die Aufgabe der Zeremonie. Im veränderten De-
wußtseinszustand erscheint die Welt dann sinnvoll, zusammenhängend, jedes auf anderes harmonisch bezogen... Solcherart veränderte Wahrnehmung läßt sich als archetypisch, als Urwahrneh-
mung bezeichnen, was heißt, daß die Dinge ihren
Charakter der Einzelhaftigkeit verlieren, zu Dingen
an sich werden, zu Prototypen des Seins. Und archetypische Wahrnehmung, das ist erwiesen, ist in
sich heilsam, ein primäres therapeutisches Agens.
Zweites therapeutisches Agens ist die Entleerung
des Bewußtseins von der unaufhörlichen Verarbeitung zahlloser Reize: Zeremonie heißt immer Entleerung, Eintauchen in eine einheitstiftende Form
der Wahrnehmung.[49]*

*Und heilsamer können auch wohl unsere psy-
chotherapeutischen Rituale werden, wenn sie sich
nicht nur als intra- und interpersonelles Medium
verstehen – sondern auch als transpersonales.
Doch hier geraten wir in Zonen von therapeuti-
schem Tabu.[50]*

Der Archetyp des Sängers, den ich im letzten Kapitel behandelte, läßt sich auf den Schamanen zurückführen. Dieser vereinigt in seiner Person eine Qualität, die wir heute in drei verschiedenen Bereichen ansiedeln, deren Synthese sich aber wieder anbahnt: Religion, Kunst und Therapie. Der Spiel-Raum, in dem diese drei Bereiche stattfinden, ist das Ritual. Es findet meist nach bestimmten Spiel-Regeln, häufig zu bestimmten Zeiten und an bestimmten Orten statt. Wesentliches Merkmal ist seine Geordnetheit, Strukturiertheit. Es wird im allgemeinen nicht improvisiert, sondern die Menschen folgen bestimmten gegebenen Gesetzmäßigkeiten, die ihrem Sein und Handeln im Moment des Rituals eine Orientierung geben. Insofern hat es haltgebende, stabilisierende Wirkungen. Es dient der psychischen Ordnung eines Stammes, einer Kultur, einer Gruppe. Es unterstützt den Prozeß der Bewußtwerdung und Ich-Werdung, indem es im Einklang mit dem Mythos der Gruppe als ordnende Kraft wirkt, welche die Angst vor dem Ich-Verlust, dem Wiederverschlungenwerden reduziert und die Balance zwischen Individuum und Kollektiv regeln hilft. Auch die Stellung zur Natur wird durch Rituale geklärt. Indem man für ein auf der Jagd getötetes Tier eine Zeremonie veranstaltete, in der man es singend um Verzeihung bat, löste man den dauernden inneren Konflikt zwischen Lebensdrang und Schuldgefühl.[51]

Zum ursprünglichen schamanistischen Ritual gehören Musik, Tanz, dramatische Darstellung, Masken und andere Requisiten, zum Teil psychoaktive Drogen. Das Ritual erwächst aus dem Mythos und ist die Form, von der aus der Schamane sich in einen veränderten Bewußtseinszustand, in Trance versetzt. In intuitiver, visionärer Schau tritt er in Kontakt mit mythischen Wesen, auf die auch die Heilkräfte zurückgehen.

Das Wort „Ritual" bezieht sich letztlich auf die kosmische Ordnung als ganzheitliche Gestalt in ewiger Bewegung. Ein altes mythisches Bild ist das Rad, dessen Achsen sich im Kreise um die ruhende Mitte drehen. Die Nabe kommt von Nabel als Mitte des Bauches, der traditionell als Mitte des Menschen gilt. Das Lautbild ist der Buchstabe „R", das „rollende R", das rollende Rad, Rotation, rund, Runde, Ring, Ringel, Reigen... – Rhyth-mus – Ritual.

Das „große Ritual" ist der „kosmische Reigen", das große Rad des kosmischen Gesetzes, das allumfassende Mandala, die Ganzheit der umeinander rotierenden Teilchen, Planeten und Planetensysteme, die im „Rhythmus des Kosmos" schwingen, an den sich der Mensch im „kleinen Ritual" wieder anschließen möchte.

Nicht zuletzt geht es im Ritual auch häufig um den rechten Rat, den Kontakt mit dem inneren Ratgeber, dem eigenen Selbst. Es gilt, die Verbindung zu ihm herzustellen, sich anzuschließen an das ratsprechende innere „Wort". Das Medium kann ein sich in Trance befindlicher Schamane oder Priester sein oder eines der vielen gebräuchlichen Orakel wie Tarot-Karten, Runen, das chinesische I Ging.

Der Rhythmus der Rituale in den rotierenden Jahreskreisen wird vom Schamanen auf seiner runden Trommel, dem Abbild des Weltalls, begleitet und gespielt. Doch auch in den Hochkulturen und Hochreligionen ist letztlich die rhythmische Ordnung des rituellen Jahreskreises überliefert. Solche Ordnungen schaffen Vertrautheit und Geborgenheit und sind so lange wahrnehmbarer und lebbarer Ausdruck einer sinnvollen Ordnung, wie sie verbunden und verzahnt sind mit dem ganzheitlichen Zusammenhang.

Geht dieser verloren, dann rotiert das Ritual leerlaufend sinnlos vor sich hin, die Menschen sind nicht mehr mit ihm im Einklang. Jeder kennt aus seinem Leben solche ritualisierten Abläufe, die ihren Sinn und Zweck verloren haben und als „alte Zöpfe", als überkommene familiäre oder sonstwie kollektiv bedingte Traditionen dennoch überleben.

Immer ist das echte Ritual ein Ordnungssystem, welches vor einem Überschwemmtwerden, einem Verschlungenwerden schützt, indem Mythos und Ritus einer Gruppe sinnvoll zusammenwirken. Das Wort „Rhythmus" hat im Griechischen auch die Bedeutung von Schutz. Und dieser ist im Ritual auch mitgegeben, sowohl in der verläßlichen Ordnung des Jahreskreises, der Strukturierung der Zeit, als auch im Ablauf selbst, der Form oder Gestalt, die den einzelnen mit der Gruppe verbindet oder mit einer größeren transpersonalen Kraft. Weil diese Energie auch gefährlich ist, braucht man eine starke Identität, um ihr begegnen zu können. Dies ist nicht ein aufgeblähtes Ich, sondern ein gut strukturierter Kern, mit dem man sich hingeben, mit dem man aufgehen kann in dem Erleben der Einheit des Seins, aber auch gestärkt, gereinigt, neu geboren wird.

Ein tiefer Sinn des Rituals scheint mir gerade das Sich-Vereinigen mit der Nabe, das Wiedereintauchen, Sich-Wiederverbinden („R"eligio) mit der Kraft, die aus der Mitte strömt. Dieses „Eintauchen" hat reinigenden Charakter; es klärt und heilt. Ich möchte versuchen, das Ritual ein wenig zu gliedern, und gehe dabei von den überlieferten drei Stufen des Mysterienkultes aus:

Reinigung,
Erleuchtung,
Schau, Einigung.

Diese Grundstruktur finden wir in den verschiedensten Religionen bis hin zur christlichen Mystik. Rituale der Reinigung umfassen Elemente wie Lärmen, Ausspucken, Zauberfeuer, Räucherung, Wegfegen, Bad, Waschung, Taufe, Enthaltsamkeit und die verschiedensten Formen von Opfer.

Wahrnehmbarer Ausdruck der zweiten Stufe, der Erleuchtung oder Schau, sind die Mysterien, Dramen und Maskenspiele der verschiedenen Kulturen. In diesen kommt der ganzheitliche Aspekt der Musen, wie ich ihn im ersten Kapitel erläuterte, zum Tragen, bis hin zu modernsten Versuchen der Gestaltung. Musik, Bewegung, Poesie, Drama, Requisiten, Masken transferieren die in visionärer Schau erlebten höheren Wirklichkeiten in den Spiel-Raum des Musischen. In dieser Form kündet der Mythos von dem oder den höchsten Wesen, vom Erleben in nicht alltäglichen Bewußtseinszuständen, von den jenseitigen Welten.

Die Einigungs-Rituale sind Ausdruck der wohl tiefsten Sehnsucht des Menschen, des seligen Verschmelzens mit dem transpersonalen, göttlichen, ursprünglichen Wesen. Neben den rituellen Elementen Berührung, Kuß, Handauflegung, der gemeinsamen Einnahme von Speisen, Getränken oder psychoaktiven Drogen spielen vor allem Musik und Tanz eine wichtige Rolle. Das OM als zentrales Mantra des hinduistisch-buddhistischen Kulturraumes hatten wir bereits als lautliches Symbol von Einheit und Vereinigung kennengelernt. Letztlich ist wohl alles Verschmelzen im gemeinsamen Rhythmus und Klang Ausdruck von und Weg zur Einigung. Dies dürfte auch der Grund sein, warum musikalische Elemente in den Ritualen der Natur- und Hochkulturen eine wichtige Rolle spielen. Der Tanz ist von der Musik eigentlich gar nicht zu trennen. Ob als Abwehrzauber gegen Katastrophen, bei Totentänzen, als Analogiezauber bei der Jagd oder als mystisch-ekstatische „Technik", der Tanzende vereinigt sich mit den fließenden Bewegungen im Kosmos.

Doch auch als alltägliche psychische Hilfe sind Rituale vielfach unentbehrlich. So sind Trauerrituale ursprünglich auf der ganzen Erde verbreitet. Leider fehlen sie uns sehr, weshalb ich hier auch näher darauf eingehen möchte. Trauerrituale sind bedingt durch ein Ereignis in der Zeit, meist den Tod des Angehörigen einer Gruppe. In unserer Kultur führt die Unfähigkeit zu trauern häufig zu ihrer Verdrängung und damit zu einem unverarbeiteten psychischen Komplex, der neurotische Blockierungen, psychosomatische Erkrankungen und andere Krisen konstellieren kann. Das Gefühl, welches nicht erlebt, ausgelebt werden darf, wird quasi ausgesperrt aus dem bewußten Lebensraum und in den Keller des Unbewußten geschickt. Darüber wird es natürlich böse und spukt als wahrhaft böser Geist in uns herum und läßt uns nicht wirklich zur Ruhe kommen, bis wir es akzeptieren und integrieren. Genau dies ist die alte Aufgabe des Trauerrituals. Wenn die Stimmung der Trauer aber ausgelebt wird, kann sie sich auch wieder wandeln in neue Lebensbejahung. Wer kennt nicht die reinigende, befreiende Kraft der Tränen, wenn wir dem Schmerz nachgeben und ihn durchleben.

In einer Selbsterfahrungsgruppe wurde eine Frau von einem Gefühl tiefer Traurigkeit erfaßt, für das sie keinen momentanen Ausdruck wußte. Eine andere Frau aus dieser Gruppe, die von der Szene sehr bewegt war, ging spontan zu ihr hinüber und sagte: „Komm, laß uns zusammen jammern!" Daraufhin stimmten die beiden miteinander in ein improvisiertes Jammern und Klagen ein, dem sich nach und nach die ganze Gruppe anschloß. Hier entstand also spontan aus dem Hier und Jetzt ein Klagegesang, wie er in Trauerritualen überliefert ist.

Der Musiktherapeut Jorgos Canacakis hat das wohl letzte Trauerritual Europas in seiner griechischen Heimat studiert, die „myroloja" von Mani. In ihrer Originalform stellen die „myroloja" eine formalisierte und rituelle Klage dar, die den Verlauf und die Struktur des Trauerprozesses ordnet, das Verhalten und den Umgang der Teilnehmer untereinander ebenso wie die Beziehung zum Verstorbenen. In dieser rituellen Klage bleibt freier Raum für spontan entstehende Dichtung und für improvisierten Gesang. „Das Typische an allen spontanen Improvisationen der ‚myroloja' ist die individuelle Aussage des Klagenden über den Toten und sein Leben, über seine soziale und ökologische Umgebung, unter Einbeziehung historischer Geschehnisse und aktueller politischer, sozialer und ökonomischer Probleme."[52]

In diesem Zusammenhang ist mir noch ein Buch von Ina Rösing sehr wichtig, aus dem ich zitieren möchte: „Die Verunsicherung des Lebensgefühls, die bei uns der Tod eines nahestehenden Menschen auslöst, verlangt nach einer sinn-gebenden Deutung. Eine Beantwortung der Frage nach dem Sinn von Sterben und Tod ist eines der universellen Probleme der Trauer. Die äußerliche Rekonstruktion der zum Tode führenden Ereignisse, die ‚objektiven‘ Umstände des Todes – das reicht nicht für den Sinn... Der Vollzug des Rituals ist durch Setting und Teilnehmer eingebettet in Alltag und Familie. Das Konzept von Unheil – das allenthalben haftet – bettet das Ritual auch ein in Besitztum, naturhafte und gegenständliche Welt... all das schafft Einbettung: Bezug des Trauernden zur Natur, Glaube, Kosmos, Sinn. Und diese Bezüge, die das Ritual in Symbol und realem Vollzug zum Ausdruck bringen, stellen gleichzeitig die Kontinuität dar, die über den Tod des Angehörigen hinausreicht. Sollen wir also Trauerversammlungen einberufen, den Geisterglauben wieder einführen, magische Formeln entwickeln und Instanzen der Anrufung? – Auch diese Fragen zeigen wieder die Absurdität leerer Ritualistik. Wie kann dann die Weisheit sinnvoller Eingebettetheit für uns realisiert werden? Hier kann es nur darum gehen, zu fragen: Hege ich Werte, die über mich selbst hinausgehen, ‚glaube‘ ich an einen über intra- und interpersonellen Sinn hinausgehenden Sinn, einen transpersonalen Sinn? Nur ein solcher kann Bezug und damit Sinn geben.“[53]

In diesen Worten wird mir auch die Einsamkeit des weißen Europäers, des Zivilisierten, bewußt. Der Preis der Kultivierung des Ichs, der Individualität ist der Verlust des Eingebettetseins in eine Kultur, in einen Mythos, der uns über schwierige psychische Krisen hinweghelfen kann. Diese Aufgabe obliegt heute vielfach der Psychotherapie. Trauerarbeit war schon für Freud ein wesentlicher Aspekt seiner Tätigkeit.

Aber auch andere Rituale dienen der Psychohygiene des einzelnen oder der Gruppe, indem sie den Rahmen für einen enthemmteren Umgang mit ansonsten Tabuisiertem ermöglichen. Der Karneval ist noch ein Überbleibsel des maskierten tollen Treibens für ein paar Tage im Jahr. Spott, Obszönitäten, Aggressionen und andere Gefühlsäußerungen, die sonst das Zusammenleben der Gruppe gefährden würden, können im rituellen Kontext in Form von Gesang, Instrumentenspiel, Tanz, Gestik, Mimik ausagiert werden. Hier hat das Ritual dieselbe Funktion wie der schützende Rahmen in der Therapie. In der Praxis ist es unterschiedlich, wieviel Raum für Improvisation dem einzelnen dabei bleibt. Aber ohne eine gewisse Freiheit, von der eigenen Bedürftigkeit und Stimmigkeit auszugehen, um so zu sich selbst zu finden, kann ich mir eine echte Wirkung nur schwer vorstellen.

Die heilende Funktion des Rituals spielt sich auf zwei Ebenen ab, die man vergleichen kann mit dem, was Dürckheim „große" und „kleine Psychotherapie" nennt. Während sich die „kleine Therapie" ganz pragmatisch an bestimmte seelische Erkrankungen wendet, richtet die „große Therapie" sich an das Leiden, welches aus der Tiefe kommt, wo es um ungelöste Sinnfragen und Selbstverwirklichung geht, letztlich um die Verwirklichung des transzendenten Selbst. So können sich auch Heilungsrituale an die spezifische Erkrankung eines einzelnen Menschen wenden. Ihr großer psychohygienischer, seelsorgerischer, religiöser Sinn ist aber das, was als dreistufiger Weg von der Reinigung über die Schau / Erleuchtung zur Einigung beschrieben wurde. Die ursprüngliche schamanische Kunst ist im Unterschied zu unserer heutigen personalen eine transpersonale. Heilen bedeutet hier soviel wie Wiederherstellen der ursprünglichen Ganzheit. Aus dieser Erfahrung geht der Mensch lebendiger, sinn-bewußter, geläutert hervor. Die „psychohygienischen Rituale" dienen dieser inneren Reinigung und Reinhaltung.

Die Rolle der Musik beim Ritual ist ursprünglich nicht die einer festlichen Umrahmung von sprachlichen Äußerungen, wie es heute in den zivilisierten Kulturen häufig der Fall ist. Die Wirkung der Künste war ja überhaupt eine andere, als sie noch nicht so bis zur Überreizung zur Verfügung standen wie heute: Sie erschütterten die Menschen viel stärker, leiteten veränderte, nicht alltägliche Bewußtseinszustände ein, aktivierten tiefere psychische Schichten. Musik ist traditionelles Medium zur unbewußten Welt. Klang und Rhythmus, auch als frühe Erfahrungen in der Einzelentwicklung, stellen Kontakt her zum Unbewußten und Überbewußten. Sie sind in der Praxis fast immer verbunden mit Bewegung, Tanz, dramatischen Elementen. Bei Tranceritualen ist dabei vor allem das repetitive Element von großer Bedeutung: sich scheinbar endlos wiederholende Rhythmen und Melodien, drehende Bewegungen, Wiederholung immer gleicher Gesten. Beispielsweise bei den Derwischen, den Mystikern des Islam, findet man diese Drehbewegung in ihren zeremoniellen Trancetänzen. Diese „Drehbewegung" in Musik und Tanz entspricht dem, was wir bereits über das Bild des Rades gesagt haben, in dessen Mitte sich die Nabe befindet, der zeitfreie Zustand des ursprünglichen Wesens. Auch das magische Urtönen der tibetischen Ritualmusik ist nicht Ausdruck individuellen menschlichen Fühlens. Abgrundtiefes Tönen und Dröhnen stimmt einen eher auf das ewige Jetzt ein.

Im christlichen Europa finden wir den rituellen, bewußtseinsverändernden Einsatz von Musik traditionell in den Gregorianischen Gesängen und den Litaneien der katholischen Kirche, im kultischen Gesang, dem gewachsenen mantrischen Gehalt der Liturgie (Amen, Kyrie eleison, Ora pro nobis, Hosianna, Halleluja...). In repetitiver Rezitation finden wir eine letzte Brücke zum magischen Bewußtsein. Während die Kirche der Reformation und neuerdings auch die katholische Kirche ihren Ritus mehr und mehr auf das Wort als Begriffsträger reduziert hat, finden wir in der Ostkirche noch stärker das sinnliche Element. In Griechenland hatte ich mehrfach die Gelegenheit, dem sonntäglichen Gottesdienst beizuwohnen. Hier erklingen stundenlang die alten byzantinischen Gesänge in Verbindung mit den sakralen Handlungen des Popen, dem Abbrennen großer Mengen von Weihrauch und dem ständigen Entzünden von Kerzen. Hier ist die ursprüngliche Absicht, sich in Trance dem Göttlichen zu nähern, noch deutlich spürbar.

Die aufgrund ihrer fesselnden und ordnenden Potenzen vielfältigen therapeutischen Möglichkeiten der Musik brauchen hier nicht noch einmal betont zu werden. Aber was hat die bedeutende Rolle der Musik im Ritual mit der heutigen Musiktherapie zu tun?

Hier kann man, sehr allgemein gesagt, zwei

Grundrichtungen von Vorgehensweisen unterscheiden. Die eine ist die freie Improvisation als alles offen lassendes Angebot. Das Innere kann mit Stimme, Instrument, Bewegung und was immer entstehen will, ausgedrückt werden. Es ist nichts vorgegeben außer dem geschützten Rahmen der Therapiesituation. Es wird kein konventionell „richtiges" Verhalten erwartet. Der Klient kann sich darauf verlassen, daß das Geschehene und Gesagte nicht weitergetragen wird. Er muß sich auch nicht unbedingt sprachlich ausdrücken, was weiterhin Kontrolle vermindert. Er hat die Möglichkeit, relativ ungehemmt Aspekte von sich auszudrücken, die sonst nicht laut werden dürfen. Dadurch kann er sich „ganzer", vollständiger erleben. Diese Art der Therapie- oder Selbsterfahrungsarbeit ist gut geeignet für Menschen, die ihre abgespaltenen Gefühle wieder spüren und an ihrer Erlebnisfähigkeit und -qualität arbeiten wollen, die sich durch psychosomatische oder intellektualisierende Abwehr schwertun, ihre Gefühle, Beziehungen und Konflikte wahrzunehmen und mitzuteilen. Im freien Spiel mit Stimme, Instrument, Körper, Tanz und anderen Gruppenmitgliedern haben sie Gelegenheit, sich selbst authentischer, ihrem wahren Wesen und ihrer eigenen Natur entsprechender zu erfahren.

Wer so etwas nie erlebt hat, wird vielleicht meinen, daraus könne sich nur Willkür und Chaos entwickeln. Tatsächlich gibt es, vor allem in der freien Gruppenimprovisation, immer wieder lange Phasen, in denen jeder mit sich, dem Finden von etwas Eigenem beschäftigt ist. Dann aber entwickeln sich auch in der Gruppe Strukturen von Rhythmus, Klang und Schwingung. Die Menschen ordnen sich in bestimmter Weise an (manchmal muß der Gruppenleiter etwas nachhelfen, indem er fragt, ob sich jeder am rechten Platz fühlt...); da finden sich einige zum gemeinsamen Trommeln, dort fassen sich andere bei den Händen und lassen ihre Stimmen umeinander resonieren, einige tanzen miteinander in der Mitte. Käme in diesem Augenblick jemand zur Türe herein, er würde wahrscheinlich denken, das sei alles so arrangiert worden. Das ist es auch – nur nicht von einem äußeren Leiter, sondern vom Unbewußten. Dieses ist alles andere als chaotisch – vielmehr strebt es nach sinnvoller Ordnung, nach Anordnung der einzelnen Teile im Ganzen, nach Beziehung. So habe ich im Laufe der Zeit gelernt, mehr und mehr dem Gruppenprozeß zu vertrauen und dafür Zeit, Raum, Medien, gute Rahmenbedingungen zur Verfügung zu stellen. Nur wenn es notwendig scheint, schlage ich hilfreiche Angebote vor, ermutige, unterstütze, tröste – mit anderen Worten: offeriere mütterlichen oder väterlichen Beistand.

Der Ursprung jeder rituellen Strukturierung liegt im Unbewußten. Der Zugang ist die freie Phantasie, die eben nicht willkürlich gestaltet, sondern nach Stimmigkeit, auch wenn wir diese nicht immer begreifen, weil uns der größere Überblick fehlt. Aber wir können lernen, daß das, was aus unserem eigenen Inneren kommt, Sinn hat, Struktur ergibt, sich mit etwas Geduld ent-wickelt.

Diese Erfahrung ist gerade für Neurotiker von großer Bedeutung. Sie haben gelernt, ihre innere Stimme, ihr Selbst als anordnenden Faktor zu verleugnen zugunsten äußerer Autoritäten und Ordnungsinstanzen. Sie möchten erst mal ein Buch über Musiktherapie lesen, dann wissen sie, was sie erwartet, und können die Situation kontrollieren, indem sie es der äußeren Instanz und Autorität Musiktherapeut recht machen können – nur sich selbst verleugnen sie und machen es sich nicht recht. Indem sie nun erleben, wie sich eine Lebenssituation ohne Organisation durch den Gruppenleiter strukturiert, einfach dadurch, daß jeder tut, was für ihn stimmig ist, können sie ihre alte Weltsicht revidieren, spontaner und mutiger ihrer Phantasie und dem, was aus ihnen selbst kommt, vertrauen. Natürlich ist der Weg dahin nicht einfach. Oft geht es nicht ohne schmerzhaftes Abschiednehmen von vertrauten Gewohnheiten. Auch müssen manchmal erschreckende Szenen aus der eigenen Biographie noch einmal erlebt werden, und Bilder aus dem transpersonalen Unbewußten brechen in das Bewußtsein ein. Der Mensch muß, um gesund zu bleiben, lernen, auch die dunkle Seite der Welt und seiner selbst mit anzunehmen, mit tiefen Gefühlen von Trauer oder Wut und großen Ängsten, die schreckensvolle bedrohliche Bilder und Empfindungen produzieren, unter Umständen mit enormer Energie. Um nicht davon überwältigt zu werden, kann es gut sein, diese zu gestalten, zu kanalisieren. Neumann beschrieb in diesem Zusammenhang die Psychologie des Rituals wie folgt:

„In diesem Sinne gleicht das Ritual einem Bewässerungssystem, mit dessen Hilfe die Urströmung des Unbewußten der Persönlichkeit zugeleitet wird. Dies Bild drängt sich auf, weil in ihm gleichzeitig die Fruchtbarmachung durch das Ritual, das heißt seine schöpferische Seite, gefaßt wird wie die Abwehrseite, welche die Überschwemmung durch die archetypische Welt verhindert. Während in der Krankheit die Abwehrseite betont bis überbetont wird – insbesondere in der Zwangsneurose und den vielen Abwehrhaltungen der Neurose überhaupt –, steht beim Individuationsprozeß die schöpferische Seite im Vordergrund."[54]

Die kanalisierende Wirkung des Rituals bezieht sich auch auf den Gebrauch psychoaktiver Substanzen (um das Wort Droge zu vermeiden). Diese kommen in einigen Pflanzen wie Hanf, Stechapfel, Fliegenpilz, bestimmten Windenarten und Kakteen vor und werden von alters her im mythologisch-rituellen Kontext zur initiatorischen Bewußtseinsveränderung vom Menschen genommen. Für viele, vor allem junge Menschen der zivilisierten Welt führte dieser Weg über die meist chemischen Derivate dieser Pflanzen wie LSD oder Meskalin statt dessen in einen Horrortrip ohne Ausweg oder in die Sucht nach Betäubungsmitteln. Der Grund liegt darin, daß die gemachten Erfahrungen nicht in den Zusammenhang von Mythos, Ritual, Kunst und sozialer Ordnung der heimischen Gruppe gestellt waren, sondern auf das Unverständnis einer modernen Industriegesellschaft ohne entsprechendes Erklärungsmodell stießen. Diese Gesellschaft ist geprägt von einem materialistisch-mechanistischen Weltbild, das auch – überwiegend oder fast ausschließlich – die geistige Heimat der zuständigen Helfer, Ärzte und Pädagogen ist. Auch die Religion konnte häufig wenig zu einem Verständnis dieser Erfahrungen beitragen, da das weiße europäische Christentum sich zu der mehr rationalen, am Denken in Begriffen orientierten Theologie hin entwickelte. Der Preis für die hohe Sublimierung in Form von Hochkultur und Hochreligion ist allerdings der Verlust der Sinnlichkeit des alten Rituals mit Spiel, Musik, Tanz, Ekstase oder Enstase, lebendiger Erfahrung des Spirituellen. Solche Bedürfnisse bahnen sich aber unaufhaltsam ihren Weg, wo dem Raum gegeben wird. Dabei kann man lernen, sich selbst wieder zu vertrauen, und dieser Prozeß bringt mit der Zeit eine neue Lebensqualität, das lustvolle Gefühl, im Einklang mit sich und der Welt zu sein und zu handeln. Zu diesem Zustand muß man sich allerdings immer wieder durcharbeiten, durch ein Stimmengewirr verinnerlichter Autoritäten. Hierbei ist gerade der freie Zugang zur Situation, die Möglichkeit, diese von sich selbst ausgehend (mit) zu gestalten, so wichtig. Das tradierte oder sonstwie vorgegebene Ritual als Strukturierung ist für den Neurotiker denkbar ungeeignet, da er in verhärteten Strukturen festsitzt und nur darauf wartet, von ihnen befreit zu werden, auch wenn er sich zunächst gegen diese Veränderung wehrt.

Es gibt jedoch auch menschliche Situationen, in denen Struktur von außen hilfreich und erforderlich ist: Kindheit, Krisen des Übergangs im Reifungsprozeß wie Pubertät oder Wechseljahre oder gar schwere, psychotische Krisen, angeborene Leiden wie geistige Behinderung oder schwere Ausfälle nach einem Unfall. Das Kind, der junge Mensch sucht Wiederholbarkeit: noch mal, noch mal, noch mal... Das bereits Bekannte ist das Vertraute, was Vertrauen und Sicherheit bringt. Das Neue muß sich einprägen, einschleifen, und – damit es verfügbar ist – muß man es wieder-holen können. Die tradierten Rituale kann man eben wieder holen. Ihr Ablauf ist bekannt, sie fügen sich in den Jahreskreis, in den Lebenskreis als verläßliche rhythmische Struktur, in der „ich mich nicht verliere". Als Individuum bin ich aufgehoben in einer sinnvollen kollektiven Ordnung. In dieser Geborgenheit, diesem Schutzraum kann das kleine, zarte oder gefährdete Ich wachsen, sich stabilisieren, gesunden.

In pädagogischen und therapeutischen Prozessen sind solche verläßlichen äußeren Ordnungen bedeutsam: ein zeitlicher Rhythmus, ein Arbeitsbündnis mit festen Abmachungen, Bedingungen, auf die man vertrauen kann. Auch der Schutz, den die Spielregeln bieten, ist für manche Menschen oder manche Situationen unerläßlich.[55] Der rituelle oder meditative Tanz wird heute wieder vom Psychotherapeuten als ergänzender Faktor in einer tiefenpsychologischen, aufwühlenden Arbeit genutzt.[56]

Je instabiler das Ich, desto mehr braucht es das vertraute Ritual. Dies kann in der Musiktherapie beispielsweise bedeuten, mit einem bestimmten Angebot am Anfang und Ende einen Rahmen zu schaffen. Mit Kindern singt man vielleicht immer wieder bekannte Begrüßungs- und Abschiedslieder und bettet ein neues Spielangebot in bekannte ein. Viele Kinderspiele sind Rituale oder haben rituellen Charakter, seit Urzeiten überliefert.

Vor allem für die pubertäre Übergangskrise, in der die Identität „Kind" sich in die Identität „Erwachsener" wandelt, haben die Stammeskulturen seit jeher Rituale, die bei diesem Übergang Begleitung und Stützung bedeuten. Neulich sah ich in einem Film über Afrika, wie die erste Menstruation eines Mädchens, das erste Monatsblut, von der ganzen Gruppe, mit der es lebte, freudig begrüßt und gefeiert wurde. Man trug sie im Triumphzug durchs Dorf, sie bekam ein besonderes Festgewand, und es fand eine

Zeremonie statt, es gab besondere Gesänge, Musik und Tänze. Es war ein Ehrentag, Frau zu werden, potentielle Mutter. Wie dagegen sieht es oft bei uns aus...

Rituale stoßen in unserer Gesellschaft zunehmend auf Mißtrauen. Ungeliebte Rituale, deren Sinn man nicht verstand, stahlen einem in der Kindheit Zeit zum Spielen; ritualisierte Verhaltensweisen in Familie, Schule, am Arbeitsplatz wurden als Zeiten erlebt, wo man nicht sein konnte, wie man sich fühlte, Zeiten des Unstimmigwerdens mit sich, bis man es nicht mehr merkte und mitmachte, es weitergab...

Doch auch Menschen, die ihr Ich überwinden, transzendieren wollen, wählen sich manchmal streng ritualisierte Bedingungen. Es gibt klösterliche Gemeinschaften, in denen der Tagesablauf genau reglementiert ist. Diese Einschränkung der äußeren Freiheit soll aber dazu führen, daß die innere Freiheit besser verwirklicht werden kann, indem ich nicht mehr darüber nachdenken muß, was ich als Nächstes tue – alle Energie geht in die innere Sammlung und Meditation. Ein solcher Weg muß aber unbedingt freiwillig gegangen werden, und er muß einem liegen – sonst ist er eine sinnlose Selbstquälerei.

Ich finde, daß bei den meisten Ritualen die Freude ein ganz wichtiger Faktor ist. Das bedeutet aber nicht, daß sie nicht mit Disziplin verbunden sind. Freude meint hier nicht Amüsement, Ablenkung, Zerstreuung, sondern eine Haltung, in der ich in Übereinstimmung bin mit dem, was ich tue.

Rituale sind letztlich auch Ausdruck und Manifestation der Gestaltungsfreudigkeit des Menschen und damit Kunst. Jeder darf sich seine eigenen Rituale ausdenken, wie er Bilder malen, auf Instrumenten und mit der Stimme improvisieren und frei tanzen darf. Er darf auch seine Bilder, Klanggestalten und Choreographien festhalten und darf sie immer wieder verändern. Alles Leben ist im Fluß, „Gestaltung, Umgestaltung, des ewigen Sinnes ewige Unterhaltung", sagt Goethe. Dies gilt auch für das Ritual, dessen heilende Kraft ich Ihnen nahebringen wollte. Jeder darf es für sich festlegen, umgestalten, improvisieren. Wichtig ist, daß es für uns selbst stimmt, dann bringt es uns in Fluß, in Bewegung, ins „R"ollen, in Rotation, Rhythmus, in Teilhabe an und Einswerden mit der Fülle des Seins.

Harmonia –
Ganzheit, Mitte, Selbstfindung

*Ares und Aphrodite, der stärkste Gott und die
schönste Göttin, zeugten Harmonia, den Gestalt ge-
wordenen Zusammenklang.*[57]

*. . . zu Harmonias Haus, der Großen Mutter, wo diese
Wohnte in einem Gebäude, das gleich dem vierfa-
chen Weltall,
Das sich selbst errichtet; vier Türme der starken
Behausung,
Unzerbrechliche, wurden von den vier Winden um-
gürtet,
Und den Umlauf des Hauses, das Abbild des Welt-
alls, beschützten
Mägde da und dort, und bei den verschiedenen
Türen
Lief Antulié um die Pforte des Ostens im Dienste,
Dysis, Selenes Amme, betreute die Pforte des Westens,
Und Mesembrias schützte den südlichen, feurigen
Riegel,
Und das dicht von Wolken umhegte, hagelbestri-
chene
Tor des Nordens versorgte die dienstbeflissene
Arktos . . .
Sorge darum für das Recht und gib Harmonie für
das Weltall,
Da du Harmonia bist, die Leben Behütende.*

Aus der „Dionysiaka" des Nonnos[58]

. . . Harmonie und alles entsteht durch den Streit.
Heraklit[59]

*Alle Kraft, alle Heilung jeglicher Art ist eine Ver-
änderung der Schwingungen von innen, die Ein-
stimmung des Göttlichen im Inneren des lebenden
Gewebes eines Körpers mit den schöpferischen
Energien. Wie immer das geschieht – es ist die Harmonie der atomaren Struktur der lebendigen Zell-
kräfte mit ihrem geistigen Ursprung. Denn alle Heilung kommt aus der einen Quelle.*
Edgar Cayce[60]

*Der König war immer derjenige, der alle die Mü-
hen auf sich nimmt, die nötig sind, um das
Menschliche mit der Harmonie und Strenge der
göttlichen, der kosmischen Kräfte bewußt zu verbinden. Man kann sagen, daß die Mut fordernde
Fähigkeit, die vielerlei Kräfte des Erdkreises anzu-
schauen und nebeneinander gelten zu lassen und
durch sie hin nur den einen Gut-Böse-Maßstab zu
spannen, daß diese Fähigkeit zur mutigen und lie-
bevoll wachen Balance schlechthin „heilend" wirkt
im Ausstrahlen, weil sie Verspannungen entspannt
und die lebendige Dynamik wieder frei macht,
deren Rhythmik das Wohl- oder Übelbefinden
der Menschen ausmacht. Denn der Mensch ist
ein rhythmisch pulsierendes und kein statisches
Wesen.*
Über den König im Märchen[61]

*Zunächst muß der Mensch durch die reine und
unerschütterliche Meditation auf die Ebene der
Einheit gelangen. Erst nach dieser bis zum Ende*

erlebten Erfahrung kann man ohne Gefahr auf die
Ebene der Vielfältigkeit zurückkehren, denn dann
vermag man in allem, was sich dem Blick bietet,
das göttliche Spiel in seiner totalen und vollkom-
menen Harmonie, den großen rhythmischen Tanz
des Gottes Shiva zu sehen.
Indische religiöse Anschauung[62]

Die Himmelsharmonie verkündet die Gottheit
und das Wort die Gottheit des Sohnes Gottes.
Hildegard von Bingen[63]

So stand ich ohne Seufzer und Zähren,
Bevor die Engel sangen, die da singen
Im Einklang mit der Harmonie der Sphären.
Dante[64]

Die griechische Göttin Harmonia lebt in unserer Sprache weiter in dem Wort „Harmonie" –
ein Wort, das tiefere Deutungsmöglichkeiten in
sich birgt, als sie im Alltagsgebrauch zum Ausdruck
kommen.

Sprachgeschichtlich kommt es aus dem Griechischen, wo „harmonia" soviel wie „Fuge", „Bund",
„Ordnung" heißt. Die ursprünglich indogermani-
sche Wurzel ist „ar-" = „fügen, zupassen", woraus
sich das deutsche „arm", das lateinische „arma",
englisch „arms" = „Waffen", „ars" = „Kunst", „ratio" = „Berechnung" und auch „ritus" entwickelten.
Diese Wörter scheinen auf den ersten Blick nicht
viel miteinander zu tun zu haben.

Vermutlich hat auch nicht jeder die gleichen Assoziationen, wenn er „Harmonie" hört. Der eine

denkt zuerst an die Musik, den Zusammenklang bestimmter akustischer Schwingungsverhältnisse, ein anderer an eine schöne Partnerschaft oder friedliches Miteinanderleben in einer Gemeinschaft, wieder jemand, der mehr mit materieller Gestaltung zu tun hat, meint eine bestimmte Weise, in der Teile oder Elemente einer Ganzheit zueinander im Verhältnis stehen, ihre An-ordnung.

Aber ist es nur eine Frage des persönlichen Geschmacks oder der kulturellen Prägung, ob etwas harmonisch ist oder disharmonisch? Diese Frage hat eine alte Tradition. Pythagoras ist dabei für uns eine Art Schlüsselfigur. Er maß mit dem Ohr, indem er am Monochord Zahlenverhältnisse hörbar machte. Wie bereits beschrieben, fand er heraus (oder überlieferte er ein altes Wissen?), daß die Teilung der Saite durch die ganzen oder natürlichen Zahlen eins, zwei, drei und so weiter die Obertonreihe ergibt, eine Struktur, in der alle Intervalle in der Reihenfolge ihres Konsonanzgrades, das heißt in optimal harmonischen Schwingungsverhältnissen, enthalten sind. Diese Intervalle werden von allen Menschen beim Singen und Musizieren spontan gebraucht und tradiert – abgesehen von wenigen innerhalb einer Kultur spezifischen Ausnahmen. Dieses Prinzip der Ganzzahligkeit untersuchte in der Nachfolge von Pythagoras die harmonikale Grundlagenforschung auf verschiedensten Gebieten wie Astronomie, Biologie, Medizin und Kunst.[65] Dabei bestätigte sich das, was Pythagoras als grundlegendes Gesetz in der Musik beschrieb. Die Bevorzugung von ganzzahligen Verhältnissen ist ein Naturgesetz und dem Menschen eingeboren als eine archetypische Grundlage psychischen Lebens. Wenn ich an einem verstimmten Klavier spiele, stimme ich es mit der Zeit innerlich zurecht, so daß ich die Verstimmtheit innerlich ausgleiche. Wenn eine Gruppe spontan einen Ton heraussingt, geht die Entwicklung des Klanges innerhalb ganz kurzer Zeit von einer Art Klangbrei zum strukturierten Stimmenzusammenklang, eine Annäherung an die Ganzzahligkeit im Verhältnis der einzelnen Stimmen zum Gesamtklang. Das gleiche gilt natürlich für den Rhythmus; auch hier finden die unterschiedlichen Rhythmen einzelner Spieler, wenn jeder meinetwegen von seinem Puls ausgeht, mit der Zeit zu einer gemeinsamen Zeitgestalt. Im 17. Jahrhundert untersuchte der Holländer Christiaan Huygens das Phänomen, daß zwei Pendeluhren, die man nebeneinander an eine Wand hängt, bald im selben Rhythmus schlagen. Er nahm eine Art „Sympathie" zwischen den beiden Uhren an und stellte fest, daß sie durch einen schwachen, von der Wand übertragenen Impuls synchronisiert wurden. Heute ist dieses Phänomen in der Wissenschaft bekannt unter dem Begriff „gegenseitige Phasenverriegelung zweier Oszillatoren", im Englischen unter „entrainment", welches man mit „Mitreißen", „Mitführung" oder auch „Resonanz" übersetzen kann. Solche „Sympathien" zweier Rhythmen oder Rhythmenkomplexe lassen sich auch auf die Menschenwelt übertragen. „Zwei Herzen im Dreivierteltakt" ist der Titel eines alten Spielfilms, der die Synchronisation des Herzschlags zweier Liebender im Walzertanz assoziieren läßt. In der Tat ist es heute bewiesen, daß sich die Rhythmen von Menschen synchronisieren, bezeichnenderweise am stärksten, wenn sie ineinander verliebt sind. Condon, der per Video Mikroanalysen von Bewegungsabläufen beim Gespräch vornahm, kam zu dem Ergebnis, Kommunikation sei „eine Art von Tanz, bei dem alle Beteiligten synchron differenzierte Bewegungen ausführen, die viele subtile Dimensionen umfassen, seltsamerweise jedoch, ohne sich dessen bewußt zu sein. Selbst einander völlig Fremde weisen diese Synchronisierung auf"[66]. Zwischenmenschliches Verhalten läuft somit nicht nach einem Aktions-Reaktions-Schema ab, sondern Sprecher und Zuhörer beispielsweise bilden eine Einheit in einer tieferen Schicht. Die Interaktion auf der unbewußten und nichtbegrifflichen Ebene ist der Tanz zweier sich rhythmisch synchronisierender Schwingungszustände.

Bereits das gesunde Neugeborene bewegt sich synchron mit den Sprechmustern der mütterlichen Stimme, ohne daß es Sprache inhaltlich verstehen kann. Offensichtlich ist es bestrebt, sich in eine rhythmische Beziehungsgestalt mit der Mutter einzuschwingen. Auch unter diesem Blickwinkel wird die Bedeutung einer natürlichen Geburtssituation in ruhiger, angenehmer Atmosphäre einsichtig. Das Kind, aus dem im mütterlichen Herzschlag Schwingenden unbewußt hinausgepreßt in die ungewohnte kalte „Welt draußen", will so bald wie möglich wieder in eine Form der Resonanz mit der „Mutter draußen" treten, die durchgetrennte Nabelschnur durch neue Verbundenheiten rhythmischen Miteinanderschwingens ersetzen. Je weicher diese „Übergangskrise" sich gestaltet, desto günstiger für die Entwicklung des Kindes. Ein Kind, welches zu oft und zu lange die Dissonanz des Getrenntseins, der Beziehungslosigkeit erfährt, kann nur schwer Verbundenheit mit und Teilhabe an der Welt aufbauen.

Es erleidet Entfremdung. Die Mutter ist in diesem Fall das „Übergangsobjekt", über das wir in Resonanz kommen mit der Welt, unserem individuellen Lebendigsein in ihr. Das eigenständige Sich-immer-wieder-Einfügen in die rhythmische Ordnung des Seins ermöglicht Entwicklung, Selbstausdruck, Mit-sich-stimmig-Sein.

Im griechischen Mythos ist die Verkörperung der den Kosmos als Ganzes mit all seinen Teilen ordnenden Kraft die Göttin Harmonia. Sie ist die Tochter von Aphrodite und Ares, die in der römischen Mythologie Venus und Mars heißen. Dadurch vereinigt sie in sich die Symbole für das Männliche und das Weibliche, den beiden polaren Kräften. Sie „entsteht durch den Streit"; der Kriegsgott Ares ist ihr Vater (das Aggressive, welches sich konstruktiv zeugend und destruktiv zerstörend äußern kann). Im Kontrast zu der lebenspendenden Göttin Aphrodite verkörpert Ares eher das lebensvernichtende Prinzip, vergleichbar mit dem indischen Shiva, der die Welt zertanzt. Dadurch kann sie aber auch immer wieder neu entstehen, insofern ist es auch ein sehr lebendiges Prinzip, weil es für den Impuls zur Wandlung sorgt. Streit, Auseinandersetzung, Reibung sind ja auch der Motor einer Beziehung; ohne sie gibt es Erstarrung, Verkrustung, Routine, leere Ritualisierung, gemeinsame Verdrängung – und das bedeutet soviel wie Tod. Aphrodite verkörpert die schöpferische Liebe, die sich auf die biologische Fortpflanzung und das dazugehörige psychische Umfeld bezieht, aber auch auf das Gestalten, die Künste, also die „Kinder" im übertragenen Sinne. Die Welt der Aphrodite ist friedlich, lustbetont, da möchte man sich ausruhen von des Lebens wilder Hetze, wie sie in Ares zum Ausdruck kommt. Der Zustand unserer Zivilisation ist eindeutig unter der Herrschaft des Ares, des Männlichen, und das so überwertig, daß wir waffenstarrend die Gefahr des „Weltuntergangs", der Vernichtung des Lebens, riskieren. Doch unter dem Zeichen der Venus sammeln sich auch die weiblichen Kräfte – eine Hoffnung, wenn die Zeit reicht. Vor allem wird es heute davon abhängen, inwieweit die Männer in sich die Venus, das Aphroditische entwickeln – und die Frauen in sich den Ares! Auf diese Weise würde jeder Verantwortung für Teile des Menschseins übernehmen, die er bislang an das andere Geschlecht delegiert hat.

Das Prinzip „Harmonia" deutet immer auf einen Ausgleich der Kräfte hin, ein Ausbalancieren der Energien in der Ganzheit, indem Harmonia das Erbe von Vater *und* Mutter in sich vereinigt. Das polare Denken und Empfinden stellt sich in den Mythologien und Philosophien der Völker auf vielfältige Weise dar. Denken wir nur an die natürliche Ordnung von Tag und Nacht, männlich und weiblich, an das chinesische Prinzip von Yin und Yang, an das Tonal und das Nagual bei Castaneda oder auch die Polarisierung des Menschen in die rechte und linke Seite aufgrund von Hemisphärendominanzen im Gehirn. Dualität und Polarität, das Wirkungsprinzip der Gegensätzlichkeit, zeugt und gebiert alle Dinge, die jedoch aus dem einen kommen. Entwicklungsgeschichtlich fühlt sich der Mensch zunächst symbiotisch eins mit der Welt, deren greifbare Verkörperung die Mutter ist. Die erste Polarisierung bedeutet also: die Welt, die Mutter und andere Personen als das andere, ein Gegenüber zu erleben. Diese Ur-Trennung ermöglicht Entwicklung, Individuation.

Die Sehnsucht nach dem paradiesischen Urzustand des Einsseins mit allem bleibt aber bestehen und ist eine Triebfeder menschlicher Bemühungen. In einem mythischen Denkmodell wird beschrieben, daß der Mensch ursprünglich androgyn war, das heißt Mann und Frau in einem. Dann aber wurden sie getrennt, und die beiden Hälften suchen sich jetzt unaufhörlich, um sich wieder zu vereinigen. Dieses Sich-wieder-Zusammenfügen ist das Streben zur Harmonie, zur Ganzheit, zum Heil. Harmonie ist das innerste Wesen der Welt, das Prinzip der Einheit aller Gegensätze.

In dem antiken Epos „Dionysiaka" von Nonnos (vgl. S. 137) wird Harmonia zum Symbol für Ganzheit schlechthin. Ihr kreisrundes Haus ist Abbild des vierfachen Weltalls, mit vier Türmen, von den vier Winden umgürtet, mit vier Pforten im Osten, Westen, Süden und Norden. Und in der Mitte wirkt Harmonia als ordnende Kraft. Dies ist die deutliche Schilderung eines Mandalas, jenes weltweiten Bildsystems für die Ganzheit, deren Zahl die Vier ist. Mandalas bauen alle auf diesem Grundprinzip der Vierheit, des Kreises und der Mitte auf. Als Meditationshilfe dienen sie der Ausrichtung auf die eigene innere Mitte, jenen Punkt, um den sich alles dreht, der die Ganzheit als absolutes Potential bedeutet, jenen Ort zwischen den Gegensätzen, an dem in der religiösen Symbolik oft eine Verkörperung des höchsten Wesens erscheint – in unserem Mythos Harmonia als Große Mutter.

Dies zeigt, wie bedeutend für die Griechen das Prinzip der Harmonie war, nämlich als höchstes Heil. Alles Unheil, alle Krankheit entsteht aus einer Störung dieser Harmonie. Nicht ein Teil der Schöpfung ist böse an sich, sondern die Überwertigkeit eines Teils läßt sie aus dem rechten Verhältnis zum Ganzen geraten, bringt die Balance ins Wanken.

Medizingeschichtlich sind diese Gedanken sehr alt. Plato, der den Mikrokosmos-Makrokosmos-Gedanken vertrat, beschrieb die Welt als ein lebendiges Wesen, den menschlichen Organismus als sein Abbild, bestehend aus den vier Elementen Feuer, Wasser, Erde und Luft, die sich wie im Kosmos im Menschen bekämpfen. Die rechte Mischung dieser vier Elemente bedeutet Gesundheit, das Zuviel oder Zuwenig eines Elementes macht krank. Somit zielt Therapie immer auf den Ausgleich der vier Elemente ab, auch darauf, die Seelenteile in Einklang zu bringen und eine Harmonie von Leib und Seele zu erreichen. Das Streben danach, die Harmonie immer wieder herzustellen, ist von Natur aus gegeben; Heilen ist daher nichts anderes als die Förderung dieses Strebens. Diät wurde von Plato noch im weitesten Sinne des Wortes als Lebensgestaltung verstanden und nicht nur aufs Essen beschränkt.

Hier begegnet uns wieder der Begriff des „Maßes" (vgl. S. 71). Durch Übermaß, welches auch ein Zuwenig meinen kann, gerät der Mensch aus der Balance, aus dem Gleichgewicht der Energien. Maßlosigkeit ist immer eine Mißachtung der Naturgesetze, der kosmischen Ordnung. Pythagoras „maß" diese Gesetzmäßigkeiten am Monochord und stellte damit eine Verbindung her zwischen den magischen Tönen und dem mentalen Sehen und Zählen. Die Nachteile dieses Rationalen werden in unserer Zeit deutlich: Die Vernachlässigung des Unermeßlichen, Unberechenbaren, Unbewußten führt in die persönliche, soziale und ökologische Krise.

Schon in der griechischen Antike galt Musik als Urbild der Harmonie des Kosmos und des Menschen. Ihre psychotherapeutische Aufgabe wurde erkannt und praktiziert. In ihr erklingt das „Maß", die „Diät", die Wiederherstellung der Balance.

Auch die Vier als Zahl der Ganzheit taucht in der Antike immer wieder auf. Bei Plato waren es wie gesagt die vier Elemente, bei Empedokles werden vier Säfte unterschieden: Blut, Schleim, schwarze Galle und gelbe Galle, die in einem gesunden Mischungsverhältnis stehen sollen. Diese wiederum stehen im Zusammenhang mit den vier Temperamenten: Sanguiniker, Melancholiker, Choleriker, Phlegmatiker. Solches Gedankengut taucht auch im Mittelalter auf, zum Beispiel bei Hildegard von Bingen und Paracelsus. Es wird zum Teil mit astrologisch-kosmologischen Ideen verbunden, wobei die Analogie zwischen Makrokosmos und Mikrokosmos, „wie oben so unten", eine tragende Rolle spielt. Auch die Versuche, „musikpharmakologisch" zu arbeiten, ziehen sich von der Antike bis in die Renaissance. So werden bestimmten Elementen oder Säften bestimmte antike oder Kirchentonarten zugeordnet. Erscheinen mir solche praktischen Schlußfolgerungen zum Teil recht zweifelhaft, finde ich doch das grundlegende Bild des aus dem Gleichgewicht geratenen Menschen sehr überzeugend. Ist nicht jede Neurose das Überwertigwerden eines Fühlens, Denkens oder Handelns, welches im rechten Maß durchaus akzeptabel und gesund sein kann? Und ist nicht die Zunahme der Eßstörungen in den zivilisierten Ländern Ausdruck eines Verlustes von Maß, Gleichgewicht und damit letztlich auch sinnvoller Existenz?

Eine besondere Form von Ungleichgewichtetheit ist ein bestimmtes Verständnis von Harmonie, die sich eher als Harmonismus, geschönte oder Pseudo-Harmonie bezeichnen läßt. Es ist eine Beschränkung von Harmonie auf ihre aphroditischen Aspekte. Immer soll es friedlich zugehen, man will ja nirgendwo anecken, nichts sagen, was Widerspruch hervorrufen könnte, Widersprüchliches unwidersprochen hinnehmen, verbissen oder beleidigt schweigen, die Arbeit dann eben selber oder alleine machen – alles um des „lieben Friedens" willen.

Schönheit wird hier zum Geschönten, welches nicht schön ist um seiner selbst willen, sondern um zu gefallen. Das Gefallenwollen um den Preis der Aufgabe des Eigenen, Authentischen ist Ausdruck der Angst, nicht zu gefallen, das heißt nicht geliebt, nicht angenommen zu sein, so wie man ist. Aus dieser tiefen, oft unbewußten Verunsicherung heraus muß man peinlichst darauf achten, nur seine „Schokoladenseite" zu präsentieren; „keep your sunny side up", heißt es in einem amerikanischen Lied; alles Störende bleibt im Schatten. Unter „Schatten" versteht die Jungsche Psychologie jenen Seelenteil, der im einzelnen Menschen im Verlauf der Sozialisation und Erziehung entsteht. Das Kind lernt ein familienbeziehungsweise kulturbedingtes Wertsystem. Dabei muß es sozial nicht akzeptierte Teile von sich ablehnen, um von anderen anerkannt zu sein. Während die „Persona" Ausdruck der zunächst von den anderen und dann von sich selbst akzeptierten Teile ist, existieren die ungelebten, die ungeliebten Aspekte als „Schatten". Hier führen alle Seiten von uns, die wir nicht leben und lieben dürfen, die wir verdrängen, „verteufeln", alles, was uns angst macht, was uns abstößt und ekelt, was wir unmoralisch finden und niemals tun würden, im wahrsten Sinne des Wortes ein „Schattendasein". Dabei sind es durchaus ursprünglich gesunde, vitale, lustvolle, schöpferische Aspekte, die dämonisiert und an jenen dunklen Ort verbannt sind, wo sie dann wiederum im wahrsten Sinne des Wortes „böse" werden, weil sie nicht mitleben dürfen. Daß sie unbewußt sind, bedeutet nun aber nicht, daß sie nicht wirksam werden: Gerade aus der Dunkelheit heraus ärgern sie uns häufig, indem sie uns Fehlhandlungen begehen lassen oder Ursache für Krankheiten aller Art werden. So sind es oft die Schattenaspekte, die uns zu einer Weiterentwicklung animieren, der wir in selbstzufriedenem Harmonismus sonst ausweichen würden.

Das Wahrnehmen, Akzeptieren und Integrieren des Schattens bleibt niemandem erspart, der sich wirklich ganz kennenlernen und sein volles Potential leben will. Hierin liegt die Möglichkeit zu wahrer Harmonie, die Ausdruck der Ganzwerdung ist. Das Innewerden dieser Ganzheit ist letztlich Sinn von Therapie und Selbsterfahrung. Die Integration des Schattens verwandelt die Persona von einer starren Maske zum flexiblen Medium zwischen innen und außen, Individuum und Gesellschaft, Mensch und Welt. Dadurch wird Stimmigsein mit sich und der jeweiligen Situation möglich. Es bedeutet Lernen, seine Gefühle ernst zu nehmen, zu ihnen zu stehen und sie auszudrücken, soweit und wie es situationsangemessen möglich ist. Wenn dies in der Situation selbst nicht ratsam sein sollte, kann man ihnen auch nachträglich Raum geben. Man sollte sich aber bewußt bleiben, zu welcher Situation das Gefühl gehört, sonst kann es leicht passieren, daß jemand anderen die Reaktion darauf trifft. Jede Form des spontanen und prozeßhaften Ausdrucks, sei er musikalisch, gestalterisch, im Tanz oder sonstwie, ist geeignet, momentan nicht lebbare Gefühle kreativ umzusetzen, und hat damit „psychohygienischen" Charakter. Gerade in der Auseinandersetzung mit dem Schatten, die eine Konfrontation mit den dunklen Aspekten des Selbst bedeutet, ist es oft trost- und hilfreich, kreative Ausdrucksmöglichkeiten zu nutzen für die starken Gefühle, die dabei auftauchen. C. G. Jung ließ seine Patienten malen, und diese Möglichkeit wird heute von vielen Psychotherapeuten, insbesondere Kunst-, Mal- und Gestaltungstherapeuten, praktiziert.

In der heutigen Musiktherapie wird mit den Elementen Klang, Rhythmus, Schwingung, Bewegung gearbeitet. Man setzt bei der Situation an, in der sich ein Mensch befindet, und bietet ihm dafür Ausdrucks- und Entwicklungsmöglichkeiten an. Diese Musik klingt anfangs, wenn sie authentisch ist, nicht besonders „schön", sondern ist klanglicher Ausdruck von tastender Suche nach dem Eigenen, wobei oft zunächst verdrängte Schattenaspekte zum Klingen kommen.

Auch in der Musik gibt es geschönte Gestaltung, Harmonismus. Diese Musik darf keine spannenden, dissonanten, „schrägen" Töne und Klänge enthalten, keine „dirty notes", wie es im Blues heißt. Alles Schrille und Laute, Rauhe und Reibende ist verpönt. Statt dessen erklingen nur auserwählte schöne Klänge, alles ist weich und fließend, abgerundet und abgeschliffen. Wenn solche Musik aus der Stimmigkeit und inneren Kraft des Musikers kommt, hat sie ihre

Qualitäten und Zeiten. Ansonsten wirkt sie auf mich nach einer gewissen Zeit unlebendig, gekünstelt und unwahrhaftig. Natürlich kommt auch im musizierenden Menschen das Streben nach bestimmten Ordnungsprinzipien zum Ausdruck. Ein ständiges Verweilen in optimalkonsonanten Klängen befriedigt aber auf die Dauer nicht, es fehlt die Spannung, die Dynamik, die Lebendigkeit. Diese entsteht erst durch den Wechsel von Konsonanz und Dissonanz. Wie im menschlichen Leben ist Dissonanz, Spannung, Auseinandersetzung, notfalls Leiden und Krankheit Voraussetzung für Wandel und Transformation. In der Musik als akustischem Spiegel des Lebensprozesses ist das Wechselspiel zwischen Konsonanz und Dissonanz, Aphrodite und Ares, hörbar integriert. Es ist bereits in der Klangstruktur des einzelnen Tones verankert. Die Dissonanz gehört in die Welt und läßt sich nicht verleugnen. Die Musik ist auch Medium des Ausdrucks spannungsgeladener Gefühle, die zum menschlichen Leben gehören. Gerade für die Krisen des Übergangs, wie wir sie beim Ritual schon kennengelernt haben, ist Musik heilsam und stützend, um mit Abschied, Leiden und Schmerzen fertig zu werden. Oft bestätigen mir Teilnehmer an Therapie- und Selbsterfahrungsgruppen mit Musik, wie gut es für sie war, bei der Begegnung mit diesen Aspekten des Lebens ein Instrument in der Hand oder im Mund zu haben, um nicht von Schmerz oder Angst überwältigt zu werden. Versuche, unsere inneren Kämpfe, Wünsche, Träume, Triebe, Gefühle zu gestalten, können uns helfen, Unbewußtes dem Bewußten anzuschließen, uns mit abgespaltenen Teilen unseres an sich vollständigen Selbst auseinanderzusetzen und zu versöhnen.

Sonst unerwünschte Gefühle im musikalischen Ausdruck zuzulassen, das ermöglicht diese Integration ungelebter Anteile.

Das Wiederentdecken des Sich-als-Ganzes-Fühlens ist ein großes Anliegen der Musiktherapie. Sie bezieht daher auch die Schichten im Menschen mit ein, die vor und jenseits der Sprache liegen, macht sie sinnlich erfahrbar im Lauschen, Spielen, in Bewegung, Berührung und Ausdruck. Sich als Ganzes annehmen heißt, die unbequemen schmerzbehafteten, ungeliebten und ungelebten Seiten meiner selbst ebenso zu akzeptieren wie Lust, Liebe und das, was ich für Schönheit erachte. Wenn wir unter Musiktherapie eine erlebnisorientierte Psychotherapie verstehen, die nicht mit schönen Klängen von außen den Patienten „heilen" will, sondern sich an dessen eigene Heilkraft, seine Selbstheilungsfähigkeit, seine Tendenz, ganz zu werden, wendet, werden dort auch die Aspekte des Ares ertönen, die damit verbundenen Aggressionen, Triebe und sonstigen Schattenseiten. Schon Jung warnte im Hinblick auf den Yoga die Abendländer, ihn nicht zu benutzen, um den Schatten zu verdrängen. Diese Gefahr besteht auch in mancher Art von geschönt harmonischer Musik zur Heilung und Meditation, wie sie heute auf den Markt kommt. Die Sehnsucht des Menschen nach harmonischen Zuständen ist tief und sinnvoll. Wenn sie aber als Scheinharmonie zur Umschiffung von Konflikten genutzt wird, kann der Fall tief werden.

Auf der anderen Seite stimmt auch jene neue Musik für mich nicht mit der Wirklichkeit überein, deren Vertreter die Harmonie verbieten wollen und beim Erklingen einer Quinte gleich „Kitsch" schreien. Kitsch ist geschönte Pseudoharmonie, während das Verbot von Harmonie ein rein intellektuelles Konstrukt ist, welches allenfalls den Kopf des „Eingeweihten", aber nicht Herz und Bauch der Menschen erreicht.

Zu einer wahrhaftigen, lebendigen Musik gehören Dissonanz und Konsonanz. Die Mitte zwischen den Gegensätzen finden wir musikalisch im Einzelton. Indem er alle Intervalle und damit alle möglichen Tonkonstellationen keimhaft enthält, wird er zum Sinnbild der Integrität, der Ganzheit im Mittelpunkt des Seins und damit letztlich des Göttlichen, was immer der einzelne darunter verstehen mag. Das Zusammenstimmen der Gegensätze im Einen ist die musikalische Analogie zu Harmonia. Die Strukturiertheit des Einzeltones durch die Natur- oder Obertonreihe ist die Idee der Sphärenharmonie, eine Ganzheitsschau, die seit Pythagoras in Europa immer wieder die Geister inspirierte. Kepler sah in dieser Struktur den göttlichen Bauplan des Kosmos, als „Archetypus" (dieser Begriff stammt von ihm) der Seele des Menschen eingeboren, weshalb der Mensch eben bestimmte, nämlich ganzzahlige Proportionen in der Musik, der Architektur und so weiter ebenso bevorzugt wie die Natur in ihren Gestaltungen und Umgestaltungen. Eine der reinsten harmonikalen Naturstrukturen ist der Kristall, welcher in der religiösen Symbolik höchstes göttliches Bewußtsein repräsentiert. Der Mensch als Ebenbild Gottes ist nach diesem urbildlichen Muster angelegt und damit in seiner Tiefe göttlicher Natur. Je weiter er aus dieser Ordnung herausfällt, desto weniger ist er *im Grunde* stimmig mit sich selbst; er wird sich selbst fremd.

Der Benediktiner David Steindl-Rast empfiehlt, den für viele heutige Menschen belasteten Begriff „Sünde" durch „Entfremdung" zu ersetzen. Der Rückweg aus dieser Entfremdung ist das In-Resonanz-Kommen, das Stimmigwerden mit sich, mit dem Selbst als zentraler innerer Kraft.

Harmonie im ganzheitlichen Sinne bedeutet auch, daß ein fließendes Gleichgewicht besteht zwischen Natur und Kultur. In dieser Hinsicht hat der westliche Mensch in seiner Entwicklung weitgehend versagt. Er steht der Natur gegenüber, nutzt sie kurzsichtig für seine Zwecke aus, zerstört sie – und damit sich selbst. Dies ist Ausdruck einer kollektiven Entfremdung des heutigen Menschen.

In China gab es einen konfuzianischen Gelehrten namens Hsün-tze (298–238 v. Chr.), der den Taoisten vorwarf: „Ihr rühmt die Natur – wollt ihr sie denn nicht beherrschen? Ihr ehrt sie und beugt euch ihren Gesetzen – wollt ihr sie denn nicht lenken und nützen?" Dieser Geist setzte sich in China nicht durch. Erstrebenswert blieb in dieser Kultur weiterhin die Harmonie mit der Natur im doppelten Sinne: der Natur draußen als äußerem Lebensraum, wo der Mensch in ein sinnvolles, harmonisches, ökologisches Ganzes eingebettet ist, und der inneren Natur, indem er seine naturgegebenen Anlagen entfaltet, ordnet, nicht unterdrückt. Diese Ordnung wurde in China aufrechterhalten mit Hilfe von Riten und Musik nach dem Vorbild der Natur. Nach chinesischer Auffassung kann der ursprüngliche Geist nicht in Widerspruch zur Natur stehen, da sie seine materielle Ausdrucksform ist. Indem wir uns an diesen ursprünglichen Geist anschließen, überwinden wir die Gegensätze.

Das ganzheitliche Denken regt auch fortschrittliche Wissenschaftler zu einem Umdenken, einem Paradigmenwechsel an. Die Krise, in der wir uns befinden, läßt sich durch das mechanistische und rationale Denken allein nicht mehr bewältigen. Das neue Paradigma entdeckt die Welt unter anderem wieder als ein Beziehungsgeflecht, in dem alle Dinge miteinander verwoben, vernetzt sind; als lebendigen Organismus, in dem man keinen Teil zerstören kann, ohne das Ganze zu gefährden, und als eine strukturelle Ganzheit und Einheit von Natur und Geist.

Ganzheitliche Therapie bedeutet, nicht mehr nur an Symptomen zu kurieren, die sich in einzelnen Körper- oder Seelenteilen zeigen, sondern diese als eine Störung des Menschen als Ganzheit, als psychosomatischen Organismus zu erkennen. Gesundheit und Krankheit bezeichnen in diesem Sinne die Qualität des Funktionierens eines Gesamtsystems bis hin zu transpersonalen, spirituellen Ebenen. Gesundheit in diesem Sinne hat damit zu tun, inwieweit sich der Mensch als Teil der Natur erlebt, als Teil eines größeren Ganzen, in das er sinnvoll eingebettet ist. Entfremdung ist letztlich ein Gefühl von Sinnlosigkeit und Beziehungslosigkeit, Spaltung und Abspaltung im Kampf mit einer Natur, einer Schöpfung, in der der Mensch sich nicht mehr zu Hause, nicht mehr zugehörig, nicht mehr stimmig fühlt.

Wie jeder Mythos leitet auch „Harmonia" hin zur tieferen Sinnfrage. Hier gibt es kein allgemeinverbindliches Beschreibungssystem, aber der Gedanke der Harmonie zwischen Elementen, Säften, Temperamenten in Mikro- und Makrokosmos will natürlich eine sinnvolle Ordnung des Kosmos aufzeigen. So kann das Stimmigwerden mit sich selbst in der Tiefe gedeutet werden als ein Stimmigwerden mit dem transzendenten Selbst als der göttlichen Mitte. Alle Wege von Selbsterfahrung und Selbstentdeckung dienen der Aufhebung der Entfremdung von unserer wahren Natur und Seinsqualität. Sie sind mit Ent--täuschungen schmerzhafter und freudvoller Art verbunden. Treibende Kraft ist die dem Menschen eingeborene Suche nach Wahrheit und letzter Wirklichkeit. Dabei geht es weniger um „Gehorsam" im alten Sinne des Wortes, sondern um ein „Hör-sam-werden" für jene innere Stimme. Je mehr ich da „am Ball" bleibe, um so geringer ist die Gefahr der Entfremdung. Dieser Weg ist nichts Abgehobenes, keine Philosophie für schöne Stunden, sondern Praxis. Harmonia, die Vereinigung aller gegensätzlichen Kräfte in der Einheit und Ganzheit, wohnt in jedem Moment in mir. Wenn ich mich anschließe an diese Kraft, bin ich stimmig mit mir selbst.

Nachwort zur Musiktherapie

Musiktherapie ist ein Weg zu vertiefter Selbsterfahrung durch Musik und ihre Elemente. Durch bewußtes Hören und eigene Gestaltung in der freien Improvisation (die auch dem Laien möglich ist) könnten körperliche und psychische Blockierungen bewußt und spezifisch musiktherapeutisch bearbeitet werden. Erfahrungen auf der Ebene des Klanges können in tiefe, präverbale und transverbale psychische Schichten führen. Damit kann man einerseits Kontakt zu Menschen finden, die auf sprachlichem Wege nicht oder schwer erreichbar sind (beispielsweise Kinder, geistig Behinderte, Autisten, Psychotiker). Andererseits werden die extraverbalen Schichten im sprachfähigen Erwachsenen angesprochen, bei dem häufig intellektualisierende Abwehr einer Selbstbegegnung und der Fähigkeit zum seelischen Wandel im Wege stehen.

Wer Musiktherapie außerhalb der klinischen und ambulanten Einrichtungen kennenlernen möchte, kann sich an Institutionen wenden, die musiktherapeutische Selbsterfahrung anbieten. Im deutschsprachigen Raum sind mir bekannt:

Freies Musikzentrum München e.V.,
Ismaninger Str. 29, 8000 München 80

Spirale, Schaffhauserstr. 282, CH-8057 Zürich

Deutsche Gesellschaft für Musiktherapie (DGMT),
Postfach 101224, 6900 Heidelberg

Deutscher Berufsverband der Musiktherapeuten
(DBVMT),
c/o Rheinklinik für psychosomatische Medizin,
Luisenstr. 3, 5340 Bad Honnef

Auch in der „Musiktherapeutischen Umschau"
(Verlag Erwin Bochinsky GmbH, Frankfurt am
Main) wird laufend über musiktherapeutische Ver-
anstaltungen informiert.

Weitere Fragen können an den Autor brieflich
über den Kreuz Verlag gestellt werden.

Anmerkungen

1 Robert von Ranke-Graves, Griechische Mythologie, Hamburg 1984, S. 22.

2 Mein Verständnis der neun Musen wurde wesentlich gefördert durch das Buch „Die tanzende Göttin" von Heide Göttner-Abendroth, München 1982.

3 Hans Kayser, Bevor die Engel sangen, Basel 1953, S. 16.

4 Lynn Andrews, Die Medizinfrau, Hamburg 1983, S. 116 f.

5 Pierre Grimal (Hrsg.), Mythen der Völker, Bd. 2, Frankfurt/ Main 1967, S. 54.

6 Hans Kayser, ebenda, S. 131 f.

7 Schwarzer Hirsch, Ich rufe mein Volk, Olten – Freiburg i. Br. 1955, S. 53.

8 Cottie Burland, Mythologie der Indianer Nordamerikas, Wiesbaden 1970, S. 82.

9 Wolfgang Laade, Musik der Götter, Geister und Menschen, Baden-Baden 1975, S. 48.

10 Ebenda, S. 52.

11 Richard Wilhelm (Hrsg.), Frühling und Herbst des Lü Bu We, Düsseldorf 1979, S. 56 und 73.

12 Vergleiche Wolfgang Suppan, Der musizierende Mensch. Eine Anthropologie der Musik, Mainz 1984.

13 Hans Peter Dürr (Hrsg.), Der Wissenschaftler und das Irrationale, Bd. 1: Beiträge aus Ethnologie und Anthropologie, Frankfurt/Main 1983.

14 Richard Wilhelm (Hrsg.), I Ging. Das Buch der Wandlungen, Düsseldorf – Köln 1976, S. 79.

15 Wolfgang Laade, ebenda, S. 104 f.

16 Wolfgang Laade, ebenda, S. 44 f.

17 Hans Kayser, ebenda, S. 87 f.

18 Prof. Dr. Rudolf Haase, mündliche Mitteilung, Vorlesung.

19 Hans Schavernoch, Die Harmonie der Sphären. Die Geschichte der Idee des Welteinklanges und der Seelenstimmung, Freiburg – München 1981, S. 38 f.

20 Hans Kayser, ebenda, S. 39.

21 Richard Wilhelm (Hrsg.), Frühling und Herbst des Lü Bu We, S. 73.

22 Peter Michael Hamel, Durch Musik zum Selbst, München 1980, S. 78.

23 Peter Haerlin, Wie von selbst. Vom Leistungszwang zur Mühelosigkeit, Weinheim – Berlin 1987.

24 Ronald D. Laing, Das geteilte Selbst, Köln 1974, S. 11 f.

25 Vergleiche die Bücher von Rudolf Haase und Hans Schavernoch, Die Harmonie der Sphären.

26 Zoltan Szabo, Buch der Runen, München 1985.

27 Marius Schneider, „Die historischen Grundlagen der musikalischen Symbolik", in: Die Musikforschung, Bd. 4, 1951, S. 129.

28 Werner Danckert, Wesen und Ursprung der Tonwelt im Mythos, Archiv für Musikwissenschaft, Bd. 12, Stuttgart 1955, S. 110.

29 Wolfgang Laade, ebenda, S. 131.

30 Ortrud Stumpfe, Die Symbolsprache der Märchen, Münster 1982, S. 185.

31 Manfred Dahmer, Qin. Die klassische chinesische Griffbrettzither, Frankfurt/Main 1985, S. 9.

32 Marius Schneider, ebenda, S. 129.

33 Michael Oppitz, Schamanen im blinden Land, Frankfurt/Main 1981, S. 124 ff.

34 Gertrud Loos und Wolfgang Strobel.

35 Vergleiche Peter Haeberlin, s. o.

36 Werner Danckert, ebenda, S. 114.

37 Vergleiche Peter Michael Hamel, ebenda, S. 144.

38 Erich Neumann, Die große Mutter, Olten – Freiburg i. Br. 1985, S. 91.

39 Marius Schneider, „Die Bedeutung der Stimme in den alten Kulturen", in: Tribus, Jahrbuch des Lindenmuseums, Stuttgart 1952/53, S. 18.

40 Elisabeth Hämmerling, Orpheus' Wiederkehr. Der Weg des heilenden Klanges, Interlaken 1984, S. 107.

41 Marius Schneider, „Die Bedeutung der Stimme in den alten Kulturen", S. 15.

42 Wolfgang Laade, ebenda, S. 23.

43 P. Deussen, Sechzig Upanishads des Veda, Leipzig 1905, S. 97.

44 Pierre Grimal (Hrsg.), Mythen der Völker, Band 3, S. 169.

45 Cottie Burland, ebenda, S. 105.

46 Marius Schneider, Die Bedeutung des Klanges in der Kultmusik, Rundfunksendung im WDR, 1953.

47 Marius Schneider, Totenklage und Liebesklage, Rundfunkvortrag in WDR 3 am 24. 11. 1982.

48 H. Ritter, „Der Reigen der tanzenden Derwische", in: Zeitschrift für vergleichende Musikwissenschaften, Bd. 1, 1933.

49 Holger Kalweit, Urheiler, Medizinleute und Schamanen. Lehren aus der archaischen Lebenstherapie, München 1987, S. 154f.

50 Ina Rösing, Die Verbannung der Trauer. Nächtliche Heilungsrituale in den Hochanden Boliviens, Nördlingen 1987, S. 467.

51 Walter Wiora, Die vier Weltalter der Musik, Stuttgart 1961, S. 18.

52 Jorgos Canacakis, Ich sehe deine Tränen. Trauern, klagen, leben können, Stuttgart 1987, S. 89f.

53 Ina Rösing, ebenda, S. 465f.

54 Erich Neumann, Umkreisung der Mitte, Bd. 1: Kulturentwicklung und Religion, Zürich 1953, S. 44.

55 Gertrud Loos, Spiel-Räume. Musiktherapie mit einer Magersüchtigen und anderen frühgestörten Patienten, Stuttgart 1986, S. 150f.

56 Vergleiche Hannelore Eibach, Der meditative Tanz in tiefenpsychologischer Betrachtungsweise, in: Musiktherapeutische Umschau, Bd. 4, Heft 4, 1983, S. 286f.

57 Eckhard Peterich / Pierre Grimal, Götter und Helden. Die klassischen Mythen und Sagen der Griechen, Römer und Germanen, Olten – Freiburg i. Br. 1971, S. 25.

58 Die Dionysiaka des Nonnos, deutsch von Thassilo von Scheffer, Bd. 2, München 1933, S. 263ff.

59 Hans Kayser, ebenda, S. 31.

60 Elisabeth Hämmerling, ebenda, S. 82.

61 Ortrud Stumpfe, ebenda, S. 25.

62 Pierre Grimal (Hrsg.), Mythen der Völker, Bd. 2, S. 75.

63 Hans Kayser, ebenda, S. 40.

64 Hans Kayser, ebenda, S. 7.

65 Vgl. Rudolf Haase, Der meßbare Einklang, Stuttgart 1976.

66 George Leonard, Der Rhythmus des Kosmos, Hamburg 1986, S. 23.

Literaturverzeichnis

Andrews, Lynn, Die Medizinfrau, Hamburg 1983

Burland, Cottie, Mythologie der Indianer Nordamerikas, Wiesbaden 1970

Canacakis, Jorgos, Ich sehe deine Tränen. Trauern, klagen, leben können, Stuttgart 1987

Dahmer, Manfred, Qin. Die klassische chinesische Griffbrettzither, Frankfurt/Main 1985

Danckert, Werner, Wesen und Ursprung der Tonwelt im Mythos, Archiv für Musikwissenschaft, Bd. 12, Stuttgart 1955

Deussen, P., Sechzig Upanishads des Veda, Leipzig 1905

Dürr, Hans Peter (Hrsg.), Der Wissenschaftler und das Irrationale, Bd. 1: Beiträge aus Ethnologie und Anthropologie, Frankfurt/Main 1983

Eibach, Hannelore, Der meditative Tanz in tiefenpsychologischer Betrachtungsweise, in: Musiktherapeutische Umschau, Bd. 4, Heft 4, 1983

Göttner-Abendroth, Heide, Die tanzende Göttin, München 1982

Grimal, Pierre (Hrsg.), Mythen der Völker, Bd. 2 und 3, Frankfurt/Main 1967

Haase, Rudolf, Der meßbare Einklang, Stuttgart 1976

Hämmerling, Elisabeth, Orpheus' Wiederkehr. Der Weg des heilenden Klanges, Interlaken 1984

Haerlin, Peter, Wie von selbst. Vom Leistungszwang zur Mühelosigkeit, Weinheim – Berlin 1987

Hamel, Peter Michael, Durch Musik zum Selbst, München 1980

Kalweit, Holger, Urheiler, Medizinleute und Schamanen. Lehren aus der archaischen Lebenstherapie, München 1987

Kayser, Hans, Bevor die Engel sangen, Basel 1953

Laade, Wolfgang, Musik der Götter, Geister und Menschen, Baden-Baden 1975

Laing, Ronald D., Das geteilte Selbst, Köln 1974

Leonard, George, Der Rhythmus des Kosmos, Hamburg 1986

Loos, Gertrud, Spiel-Räume. Musiktherapie mit einer Magersüchtigen und anderen frühgestörten Patienten, Stuttgart 1986

Neumann, Erich, Umkreisung der Mitte, Bd. 1: Kulturentwicklung und Religion, Zürich 1953

Neumann, Erich, Die große Mutter, Olten – Freiburg i. Br. 1985

Oppitz, Michael, Schamanen im blinden Land, Frankfurt/Main 1981

Peterich, Eckhard / Grimal, Pierre, Götter und Helden. Die klassischen Mythen und Sagen der Griechen, Römer und Germanen, Olten – Freiburg i. Br. 1971

von Ranke-Graves, Robert, Griechische Mythologie, Hamburg 1984

Ritter, H., „Der Reigen der tanzenden Derwische", in: Zeitschrift für vergleichende Musikwissenschaft, Bd. 1, 1933

Rösing, Ina, Die Verbannung der Trauer. Nächtliche Heilungsrituale in den Hochanden Boliviens, Nördlingen 1987

Schavernoch, Hans, Die Harmonie der Sphären. Die Geschichte der Idee des Welteinklanges und der Seelenstimmung, Freiburg i. Br. – München 1981

Schneider, Marius, „Die historischen Grundlagen der musikalischen Symbolik", in: Die Musikforschung, Bd. 4, 1951

Schneider, Marius, „Die Bedeutung der Stimme in den alten Kulturen", Sonderdruck aus Tribus, Jahrbuch des Lindenmuseums, Stuttgart 1952/53

Schneider, Marius, Die Bedeutung des Klanges in der Kultmusik, Rundfunksendung im WDR, 1953

Schneider, Marius, Totenklage und Liebesklage, Rundfunkvortrag in WDR 3 am 24. 11. 1982

Schwarzer Hirsch, Ich rufe mein Volk, Olten – Freiburg i. Br. 1955

Stumpfe, Ortrud, Die Symbolsprache der Märchen, Münster 1982

Suppan, Wolfgang, Der musizierende Mensch. Eine Anthropologie der Musik, Mainz 1984

Szabo, Zoltan, Buch der Runen, München 1985

Timmermann, Tonius, Musik als Weg, Zürich 1987

Wilhelm, Richard (Hrsg.), I Ging. Das Buch der Wandlungen, Düsseldorf – Köln 1976

Wilhelm, Richard (Hrsg.), Frühling und Herbst des Lü Bu We, Düsseldorf 1979

Wiora, Walter, Die vier Weltalter der Musik, Stuttgart 1961

Urbilder der kristallinen Materie

Zum Foto auf dem Umschlag von Manfred P. Kage

Wissenschaftlich ausgedrückt, handelt es sich bei diesen Bildern um willkürlich gesteuerte Kristallisationen natürlicher und synthetischer Stoffe, die zwischen zwei Glasplatten durch Temperatureinfluß aus der Schmelze rekristallisiert oder durch Verdunstung des Lösungsmittels kristallisiert wurden. Diese Kristallpräparate werden in einem Kameramikroskop mit Hilfe von polarisiertem Licht und einem von Kage entwickelten Spezialkompensator, dem Polychromator, fotografiert.

Der Polychromator ist eine Art optischer Synthesizer oder besser ein „optisches Musikinstrument", mit dem Kaskaden von Klangfarben in einerseits gesetzmäßiger, andererseits beliebiger Folge von Farbklängen gestaltet werden können. So lassen sich beispielsweise von einem Gesteinsdünnschliff, einer hauchdünnen Schicht von kristallisiertem Schwefel oder von Sphäritgefügen des Triphenylmethans eine unerschöpfliche Fülle von permutierenden Farbvariationen erzeugen. Was steckt nun aber dahinter?

Die Aggregatzustände der festen Kristalle, der kristallinen und amorphen Flüssigkeiten sowie der gasförmigen Stoffe entsprechen den Tamas, Rayas und Satvas der indischen Sankhja-Philosophie, welche die statischen Niveaus der Verwandlungen und

Seinszustände bezeichnen. Die europäische Analogie dazu wären Physis, Bios, Psyche und Pneuma, denen auf der materiellen Seite die Zustände fest, kristallin-flüssig (mesomorph), flüssig und gasförmig entsprechen.

Wer sich mit der Entstehung der Planeten beschäftigt, kennt die immense Bedeutung der Kristallisations- und Erstarrungsvorgänge in der Planetenoberfläche, die Gesteins- und Gebirgsschichten hervorbringen. Die Kristallbildung ist das Urmodell der Festkörperanteile aller Lebewesen; Kristallgitter finden sich in der Zellulose und damit im Holz, in den Kieselskeletten der Radolarien und Diatomeen, in den Schalen und Panzern der Korallen, Muscheln und Seeigel sowie in den Kalkgefügen des Knochenbaus der Säugetiere.

Durch chemische oder alchimistische Verwandlungen des Stoffes lassen sich neue Kristallformen erzeugen; künstlerische Empfindung und der unerschöpfliche Formenreichtum der Natur treten miteinander in Kommunikation.

Ein optisches Kaleidoskop mit zwei Präzisionsspiegeln ermöglicht zusätzlich die Symmetrierung der kristallinen Bildwerke zu Mandalas, den Urbildern der Seele. Die suggestive Zentrierung, die das Auge zur Mitte lenkt, eröffnet einen Blick in den imaginären, mythischen Raum, in welchem die Strukturen der Materie und der Psyche nicht voneinander zu unterscheiden sind.

„Die Darstellung und Deutung einzelner Mythen durch verschiedene Autoren ermöglicht den Zugang zu einem in jedem Menschen vorhandenen Fundament von Lebenskraft. Mythen sind faszinierend und ergreifend. Ihnen zu begegnen ist dem Erleben vergleichbar, in dem sich die Bedeutung eines großen Traumes zum ersten Mal erschließt. Mythen spiegeln unser Leben und vermitteln die Gewißheit, daß es sinnvoll gelebt werden kann." Theodor Seifert

Kreuz Verlag

Theodor Seifert / Angela Waiblinger (Hrsg.)
Therapie und Selbsterfahrung
Einblick in die wichtigsten Methoden

400 Seiten, 50 Autorenfotos, gebunden
ISBN 3-7831-0827-6

Dieser Band gibt dem Laien, aber selbstverständlich auch Fachleuten eine anschauliche, allgemeinverständliche Orientierung über 50 verschiedene Methoden der Therapie und der Selbsterfahrung. Dabei geht es um Psychotherapie und Psychiatrie im engeren Sinne, aber ebenso um Körpertherapien und um Wege zum geistigen Training. In den letzten Jahrzehnten ist das Angebot so differenziert geworden, daß selbst Fachleute nicht alle Methoden genau kennen. Dem begegnet dieser Band, der über alle zur Zeit praktizierten Verfahren Auskunft gibt.

Alle Beiträge sind von kompetenten Fachvertreterinnen und Fachvertretern verfaßt, die aus eigener praktischer Erfahrung schreiben. Gegensätzliche Auffassungen zwischen den verschiedenen Schulen und Methoden werden in diesem Band nicht thematisiert. Der Leser kann sich selbst ein Urteil bilden. So ist ein Nachschlagewerk entstanden, durch welches jeder sich zutreffend informieren kann. Literaturhinweise zu jedem Beitrag ergänzen das Werk.

Kreuz Verlag